LAURA CHICA

TÚ ERES MAGIA

LAURA CHICA

TÚ ERES MAGIA

Vive una vida llena de magia, presencia y expansión

Papel certificado por el Forest Stewardship Council®

Primera edición: septiembre de 2025

Diseño interior y maquetación: Comba Studio
Diseño de la cubierta: Penguin Random House Grupo Editorial

Printed in Spain – Impreso en España

ISBN: 978-84-03-52596-2
Depósito legal: B-12125-2025

Impreso en Gómez Aparicio, S. L.
Casarrubuelos (Madrid)

AG 2 5 9 6 2

A mi madre y mi padre,
por sostener mi mundo mientras descubro mi lugar.

A mi hija Norah,
por darle sentido a mi existencia.

A ti que me lees,
por permitirme seguir creando magia.

ÍNDICE

Un día me pregunté:

¿Cuál es el sentido de la vida? No me encuentro en ningún lugar, con ninguna persona, en ningún sueño. No sé quién soy ni para qué estoy aquí. A veces siento que mi vida realmente no tiene sentido. ¿Qué hago aquí?

Y entonces la Vida / Dios / el Universo me dijo:

Mira a tu alrededor. Todo esto que ves es para ti. El amanecer que te invita a un nuevo día, la belleza del árbol que te acoge, la sonrisa de quien te ama. Todo está creado para ti, para que lo vivas y lo sientas. Todo está creado para que lo abraces y lo ames, y recuerdes amarte a ti misma como parte del Todo. Cuando te pierdas, vuelve a creer en la magia. Siempre estará ahí para ti.

Todo es magia.

Y tú también.

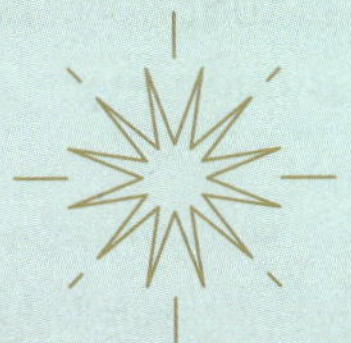

TÚ ERES MAGIA

Descubre la magia de la vida y vibra muy alto

Porque la magia siempre estuvo en ti.

En julio de 2024 inicié uno de los viajes más esperados en mi vida, y también más retadores. No por la distancia, sino por lo que sabía que iba a encontrar.

Y lo encontré. Pero lo que encontré no estaba allí; estaba en mí.

Justo al volver a casa, fui al mar porque necesitaba enraizarme, conectarme con mi lugar seguro, y al salir del agua, nació la idea de este libro. Siempre siento que las ideas para mis libros me llegan desde un lugar mágico, pero en esta ocasión lo pude sentir con mucha claridad.

Quiero contarte cómo puedes descubrir la magia que somos, por qué sé que somos magia y qué podemos hacer para revelarla.

Quiero compartirte cómo veo el mundo, mi mirada a la magia que nos rodea, mis vivencias cuando visito el mundo que nos acoge y la forma en la que crezco cuando descubro que todo es magia. Y tú también.

Quizá toda mi vida haya sido una película para descubrir al final que todo era más fácil de lo que podía imaginar. Ese sería, sin duda, un resumen muy resumido, pero a la vez muy acertado de cómo me siento. Sí; resulta que todo era más fácil. Yo, y tú, nosotros, tendemos a complicarlo, porque tenemos un programa instalado muy profundamente que dice que los retos no pueden ser fáciles, por eso son retos. Y que lo fácil no puede ser bueno, por eso es fácil. Pero, con el tiempo, mirando atrás, descubres que, si solo hubieses vivido ese momento de tu vida tal y como era, hubiera sido mejor, pero le pusimos bloqueo, resistencia, miedo, sufrimiento y todo ese aderezo emocional poco adaptativo que hemos aprendido. Y, claro, el resultado ha sido vivir con drama lo que llegó para ser vivido con amor y aprendizaje para tu evolución. Así de sencillo.

La magia está en la nueva mirada que podemos incorporar cuando sabemos lo que sabemos ahora. La magia está en que ahora podemos hacerlo diferente.

Cuando venga un reto —la vida en forma de adversidad u obstáculo—, recuerda que no te ocurre a ti, ocurre para ti, y puedes usar herramientas que ya tienes para afrontarlo, resolverlo o vivirlo, aunque en esos momentos no puedas verlo.

Cada paso que has dado en tu vida te ha preparado para lo que estás por vivir.

Léelo otra vez.

¿Imaginas pasar de 1.º a 5.º curso sin estudiar los tres anteriores? No sería posible, porque te faltaría el recorrido, la experiencia y el conocimiento para entender lo que explican en 5.º curso, ¿verdad? Pues en la vida es igual. Todo en tu vida es preparatorio para lo que está por venir, y, cuando puedes mirar la vida así, como una sucesión ordenada de acontecimientos con espacios de caos en los que tienes que aprender cosas, todo se vuelve más fácil.

Resulta que el dolor de hoy hace el espacio para poder afrontar el dolor de mañana.

El aprendizaje de hoy es el espacio donde acomodar el aprendizaje de mañana.

El espacio seguro de hoy en tu cuerpo y en ti es el lugar donde sostener la evolución de mañana.

Así sucesivamente.

Y esa es la magia que vive en ti: la magia de transformarte en cada paso, en cada dolor, en cada amor.

La metamorfosis de una mariposa que necesita vivir su propio proceso para descubrir el poder de sus alas. Eso eres tú cuando superas lo insuperable, afrontas lo inesperado o te sobrepones a algo que te ha roto por dentro. Tu capacidad para aprender, afrontar, superar, transformarte es tan grande que tu mente racional y limitada no alcanza a verlo. Pero tu vida es tu mejor ejemplo.

¿Cuántas veces te has levantado después de un dolor que te ha marcado?

¿Cuántas veces has comprobado que eres más fuerte de lo que habías pensado?

¿Cuántas veces has descubierto en ti herramientas para afrontar situaciones difíciles que no sabías que tenías?

Sencillamente, eres más de lo que crees. Siempre lo has sido.

Y ahora viene la segunda parte:

¿Por qué llevamos toda nuestra vida mirándonos desde el juicio, sintiéndonos pequeñas o minimizando nuestras habilidades, capacidades y potencial?

Toda la vida dudando de ti misma, y el mundo admirándote por tu potencial. Así somos.

Necesitamos creer en nuestra magia.

Creer en nosotras mismas, en nuestras capacidades, en nuestros talentos, en todo el potencial. En nuestra virtud de hacer, crear, sentir, reponernos, superar, amar.

Este momento de tu vida requiere que des un salto a ese vacío lleno de ti, de todo lo que eres y que aún no has visto. Un salto de fe, de confianza, de entrega a ti y a lo que has venido a hacer, por fin, al fin, después de tanto tiempo dándote la espalda o intentando no escuchar.

Es el momento, es tu momento.

La energía disponible te invita a elevarte, a expandirte, a crecer.

Tu vida necesita eso de ti.

Una nueva realidad. Una nueva oportunidad. Un nuevo comienzo.

Puedes hacerlo.

Que no necesites
ver para creer.
Elige creer para ver.

SOBRE ESTE LIBRO

Siento este libro como la culminación de un camino espiritual y literario que completa los cuatro libros anteriores. Sin ánimo de crear una saga, en el fondo, sí siento que se complementan perfectamente y son reflejo a tiempo real de mi propio camino, al igual que este.

Este libro, *Tú eres magia*, completaría la «colección» de mis libros más personales junto a *Auténtica*, *Confía*, *Autoamor* y *365 citas contigo*; la colección más mágica que haré nunca, sin ninguna duda. Al comenzar a escribir este libro, lo sentí. Por eso la creación de la portada incluye los colores de los libros anteriores a los que este completa y pone punto y final. A modo de final de ciclo, me gustaría contarte algunas cosas de los libros que probablemente has leído y que casi nadie sabe.

En mi libro *365 citas contigo* me conecté con la magia por primera vez. Iba a nacer meses antes, pero la muerte (o transición) de una gran amiga mía, Victoria, me dejó en shock unos meses y no pude escribir. Es un libro lleno de vida escrito desde mi conexión con la muerte. Supuso un cambio de editorial, fue el último libro que escribí con editorial Planeta y era muy diferente a los cuatro anteriores. Necesitaba escribir sobre la inspiración que quería recibir cada día para mirar la vida de manera diferente y, a día de hoy, van 18 ediciones en España y sigue estando entre los 20 libros más vendidos de México, lo cual es una sorpresa y un gran regalo para mi corazón. Puede que este libro que estás leyendo sea el que más se parezca al primero, lo cual también me gusta, de alguna manera, para cerrar el círculo.

Mi libro *Autoamor* fue el primer libro publicado en mi actual editorial, la que ahora es mi casa, Aguilar, de Penguin Random House. Fue bonito porque fue coherente; sentía que merecía más cariño y cuidado y me moví. La esencia del libro es la misma: siente que mereces todo lo bueno de la vida y aprende a recibirlo. Siempre me contáis que es el libro que más os ha ayudado a conectaros con vosotras/os, a conoceros, respetaros y amaros. Se ha creado la filosofía del Autoamor en muchas vidas, y el color precioso del libro ya es para mí el «color autoamor». Decidme si hay mejor regalo que impactar bonito en el corazón de las personas... Muchas gracias. Seguimos cultivando ese Autoamor hasta el último día de nuestras vidas y más allá. Recuerda que cuando tú te amas, enseñas a los demás cómo amarse.

Después de una gran tormenta emocional y espiritual en mi vida, en 2022 llegaba *Confía*, mi libro más profundo y espiritual, sin duda. Recuerdo la reunión online con mis editores un 5 de septiembre, Mónica Adán y David Trías, en la que me preguntaron si tenía algún libro en mente. Les dije: «Sí, uno que se va a llamar *Confía*, pero no sé aún qué llevará dentro». En coherencia al título, hicieron un precioso ejercicio de confianza para decir sí a mi propuesta sin saber qué iban a encontrarse en sus páginas. Eso fue muy bonito para mí. Y hasta la fecha de entrega pactada no vieron nada. Yo escribo así, para mí, sin compartir nada hasta el final. Ese libro fue una revolución en mi vida, porque me ayudó a sobrevivir. Literalmente. Mientras escribía tenía un post-it en el ordenador que ponía «escribir un libro abrazo», porque necesitaba escribir un libro que pudiera abrazar y con el que dormir para ayudarme a sobrevivir. Y, según me contáis, lo conseguí; y, si me lo contáis, es porque muchos de vosotros seguís aquí, aunque en algún momento pensasteis que no ibais a poder. Por ello, GRACIAS.

Como una revolución, llegó *Auténtica* en 2024. Fue un paso firme en la tierra después de las profundidades espirituales del anterior. Es un libro lleno de fuerza, acción, determinación y soberanía. Un libro imprescindible para reconocerte en tus vínculos, en tu esencia, para soltar y liberarte. Muy conectado a lo sistémico, a las lealtades, a la familia, a la expectativa social, para reconocerlo, reconocerte y liberarte. Mientras lo escribía me conecté más que nunca con mi autenticidad, y sentí que había llegado para pisar fuerte. Cuando necesites esa energía de fortaleza, tienes que abrir ese libro por cualquier página.

Y, ahora, al final de este camino, tienes aquí *Tú eres magia*. Este libro te invita a conectarte con lo asombroso de la vida desde una mirada mágica. Ver lo que es, con ojos de magia, de milagro, de conexión con lo divino, conectándote con la inmensidad que eres y con lo que siempre estuvo ahí, pero no podías ver. Es un libro que necesito entregar al mundo para elevar nuestra frecuencia, vibrar más bonito y sentirnos parte de la magia que nos envuelve. Mis viajes iniciáticos y espirituales me han ayudado tanto a conectar con esa mirada mágica que tenía que traerte un poquito de ellos aquí. Espero que, desde este momento, no veas igual el mundo, ni a ti misma. Y con él siento que he compartido lo que quería decir, lo que he venido a recordarte y recordarme, y lo que quería aportar al mundo, al menos hasta ahora. No sé mañana. De momento siento que no voy a escribir más libros como este.

Ahora mi alma quiere jugar, crear y experimentar. A ver qué viene después. Como tú, estoy abierta a todo lo que la vida tenga para mí, sin miedo, con confianza en ser canal e instrumento al servicio de Dios, del Universo y de la naturaleza.

Gracias por leerme, por apoyar mi mensaje, por compartir, prestar y regalar mis libros, por ayudarme, sin saberlo, a seguir compartiendo, porque, como todo círculo mágico, cuando tú me apoyas regalando mis libros, mi editorial puede permitirse seguir apostando por mí, y a mí me permitís seguir compartiendo mis mensajes. Gracias de corazón por haberlo hecho posible durante tantos años, tantos libros y tanta Vida.

Deseo, como siempre, que este libro te inspire a ser una mejor y más evolucionada versión de ti misma, en conexión con el cielo y la tierra, y sobre todo, con tu alma.

Recuerda que

Tú eres magia.

Con amor,

Laura

Magia en el Valle Sagrado
de Machu Picchu, Perú.

Vegvísir

Brújula vikinga, es un símbolo nórdico mágico que se cree que guía a las personas cuando la visibilidad es escasa. En español, *Vegvísir* significa «guía del camino» o «señal del camino». Es una brújula del espíritu. Representa el **alma en el centro**, y los **caminos posibles del destino**.

SIEMPRE ESTÁS SIENDO GUIADO

Tu intuición es tu guía espiritual.
Confía.

Siempre estamos siendo guiados. Esto es algo que a nuestra mente racional le cuesta comprender, pero, si miramos con los ojos del alma, lo podemos sentir.

La vida en todo momento se está comunicando contigo, te está hablando, te está guiando, te está sosteniendo. Observar te ayuda a entender. Cuando comienzas a escuchar, a comprender, a ver, se caen los velos que te impedían percibirlo y todo se vuelve mágico.

Esa guía incluye a las personas que van apareciendo en nuestra vida, nuestros vínculos, las que llegan y las que se van. Todo tiene un sentido, aunque en el momento no podamos entenderlo. Todavía siento tristeza, pena o incomprensión por algunas personas que han desaparecido de mi vida sin que pudiera entenderlo. Pero si elevamos la mirada, probablemente sí tenga un sentido; quizá seguir en el camino con esas personas te estaba impidiendo tu propia evolución, por amor o lealtad. Quién sabe.

Y son parte de ella también las personas mágicas que van apareciendo de forma estratégica por el camino, para acompañarte en tu evolución. A veces hacen su trabajo y se van. Otras, se quedan más tiempo. Y otras, se convierten en aliados de tu camino, como esos apóstoles que acompañaban a Yeshua a hacer lo que vino a hacer. Cuando miro con esos ojos mis relaciones, me emociona ver la magia con la que está creado todo. «Cuando el alumno está preparado, aparece el maestro», dice una frase atribuida a Sócrates. Y a Lao Tzu, también se le atribuye esta: «El maestro aparece cuando el alumno está listo. Pero cuando el alumno realmente está listo, el maestro desaparecerá». Wow...

Aplicar este aprendizaje puede ser revelador. Nos quiere decir que siempre van a aparecer las personas necesarias para que en nuestro camino aprendamos lo que necesitamos aprender, facilitándonos la situación, experiencia o herramienta para hacerlo, pero que, cuando lo hayamos aprendido, ese maestro o facilitador de la experiencia necesaria para nuestra evolución desaparecerá o se transformará. Si lo piensas, es como un teatro en el que todo el mundo tiene su papel. Tú estás siendo alumno y a la vez, maestro para otros. Absolutamente mágico y precioso.

Esa guía y protección divina aparece de muchas formas, incluso como obstáculos que te impiden llegar a una cita, equivocarte de camino, no ser elegida para algo que deseabas, relaciones que se rompen, personas que desaparecen de tu vida, sensación de rechazo hacia personas sin saber por qué. Mirando tu historia y tus experiencias puedes comprobar cómo mucho de eso que en el momento llamabas error, incomprensión o daño era el universo operando por y para ti.

Cuando siento que algo me hace llegar tarde o retrasa mis planes, me vienen a la mente casos como el de Hans Schenk, que llegó tarde el 11-S a las Torres Gemelas en Nueva York, donde trabajaba, porque se quedó dormido al pasar la noche fuera de casa; o Adriano Asís, pasajero brasileño que, por dificultades inesperadas, llegó tarde a su vuelo en 2024 y gracias a eso sobrevivió, ya que, al despegar, el avión se estrelló y fallecieron todos los pasajeros. Adriano ha contado a posteriori que fue a abrazar al azafato de tierra para agradecerle que hubiera hecho correctamente su trabajo, ya que no lo dejó subir a pesar de su enfado y enfrentamiento. Ante esto, hay gente que diría «era un ángel». Pues puede ser.

Estás siendo guiado hacia una vida mágica. Todo está listo para una nueva época, una nueva fase en la que todo es posible. La era de acuario, se caen los velos, emerge la verdad: la luz y la oscuridad. Eso que sientes es cierto; escúchate y confía. Confía en que estás siendo guiado y en que estás listo para sostener lo que está por venir.

La vida nos conduce hacia los lugares a los que tenemos que ir, para sentir, ver o vivir experiencias transformadoras. Cada lugar que te llama tiene algo para ti y un recuerdo para tu alma. Así lo he sentido estos meses con mis viajes iniciáticos a Avalon, Egipto y Cusco, tan mágicos, espirituales y transformacionales. Tenía la certeza de que tenía que estar allí viviendo lo que tuviese que vivir.

Abrirte a dejarte guiar en la vida activa la magia de lo que puede ser, de lo que la vida tiene guardado para ti y lo que no esperas. Sostener esa energía de incertidumbre y de no saber es otro entrenamiento que tienes que ejercitar para poder recibir los regalos.

Si cada día das un paso, en un año habrás dado 365 pasos hacia donde tu alma te guía.

Estamos siendo guiados todo el tiempo. Acompañados, sostenidos, cuidados. No lo olvides, especialmente en la oscuridad y la desesperanza. Nunca estás sola.

Estudia la ciencia del arte.
Estudia el arte de la ciencia.
Desarrolla tus sentidos,
sobre todo aprende a ver.
Date cuenta de que todo está conectado
a todo lo demás.

Leonardo Da Vinci

Tú eres magia cuando descubres
que siempre estás siendo guiado.

Nadie quiere que sepas
que eres magia
y que el poder
está en ti.

Magia en la Gran Esfinge de Giza, Egipto.

LA MAGIA DE LA SINCRONICIDAD

Y cuando permitió que algo mejor
de lo que había pensado llegara,
la magia sucedió.

La magia ocurre a cada instante, pero no la vemos. La sincronicidad se da constantemente entre nuestra mente y el mundo que nos rodea, y se hace más evidente cuando observamos cómo aquello que sucede en nuestro interior se manifiesta fuera. Solo necesitamos poner atención. Querer ver para ver.

«Cuando nuestro cuerpo-mente está en sintonía con el universo, todo se vuelve espontáneo y sin esfuerzo», dice Deepak Chopra. Este autor llama «sincrodestino» a la sincronicidad, esas coincidencias mágicas que, a pesar de que nos ocurren tan a menudo, nos siguen sorprendiendo. Comenzamos diciendo «¡qué coincidencia!», sorprendidos, pero cuando se dan varios asuntos mágicos en pocas horas, acabamos por decir «esto no puede ser coincidencia». O, al menos, «esto no es solo coincidencia». Hay algo más. Hay otra posibilidad que nos da la vida de mirarla con ojos de milagro.

Todo es un milagro. Todo tiene un sentido en el orden perfecto del Universo, o de Dios, y nuestros ojos humanos normalmente no pueden verlo, solo con el tiempo. Pero ahí está.

Hay un cuento zen acerca de la suerte, que tiene sentido para esta reflexión.

Érase una vez un granjero anciano cuya mayor posesión en la vida era un caballo con el que labraba la tierra. Un día, olvidó cerrar las puertas del establo y el caballo escapó hacia la montaña.

Los vecinos del granjero acudieron a consolarlo:

—¡Qué mala suerte tienes! Has perdido tu caballo en pleno tiempo de cosecha —le dijeron—. Quedarás en la ruina.

El granjero respondió:

—¿Buena suerte? ¿Mala suerte? ¡Quién sabe!

Una semana después, el caballo regresó de la montaña con una manada de caballos salvajes. Los vecinos felicitaron al granjero por su buena suerte. Pero su respuesta fue la misma:

—¿Buena suerte? ¿Mala suerte? ¡Quién sabe!

A los pocos días, cuando el hijo del granjero intentó domesticar a uno de los caballos salvajes, cayó de él y se rompió una pierna. Los vecinos del granjero acudieron a consolarlo:

—¡Qué mala suerte tienes! —le dijeron—. Ahora sí que quedarás en la ruina sin tener quien te ayude a cosechar.

La respuesta del granjero no cambió:

—¿Buena suerte? ¿Mala suerte? ¡Quién sabe!

Algunas semanas después, el ejército del emperador llegó a la aldea y reclutó a todos los jóvenes para la guerra. Solo dejaron atrás al hijo del granjero; por tener la pierna rota no era apto para el servicio.

Pronto llegaron los vecinos y entre lágrimas, dijeron:

—Tu hijo es el único que no ha sido enviado a la guerra. Qué buena suerte tienes.

Y tú, ¿qué crees que respondió el granjero?

—¿Buena suerte? ¿Mala suerte? ¡Quién sabe!

Este cuento muestra muy bien cómo, más allá de la buena o mala suerte, podemos sentir que hay algo más allá de nosotros mismos que, de alguna manera, sabe lo que está haciendo, incluso cuando parece que no.

«Lo que sucede conviene», dice una frase muy antigua. Es una sabiduría popular que se rige por la misma premisa: estamos siendo guiados.

Ibas a escribir a alguien cuando de pronto esa persona te escribe a ti. Estás pensando en alguien y se manifiesta de alguna forma o contacta contigo. Se cae un plan o proyecto planificado y justo surge algo o alguien que da sentido a lo que ha pasado. Dudas y aparece la respuesta ante tus ojos. Años sin saber de alguien, aparece y se convierte en tu compañero de camino. Cosas como estas nos pasan cada día, pero las vivimos sin darles importancia, como coincidencias o experiencias aleatorias. Sin embargo, cuando entrenas la mirada mágica y la usas en todo lo que vives, puedes verlo diferente.

Lo que ocurre ante tus ojos refleja en tiempo real la conexión entre la conciencia interna y la realidad externa. Todo tiene un sentido: esa llamada que se cruza, esa persona que aparece cuando pensabas en ella, ese plan que se rompe o esa amistad que desaparece de tu vida, porque llega otra. Hay personas que creen que esto no es cierto, o que no les pasa a ellas, pero, aunque no puedan verlo, no significa que no esté sucediendo, que la sincronicidad no esté ahí. Solo que quizá aún esa persona no está conectada a esa posibilidad (realidad) o que la persona no está en el estado adecuado para percibirla.

Recuerda que para poder «ver» se necesita presencia, conexión y atención.

Frases como «todo tiene un sentido», «ahora no puedo verlo, pero sé que todo pasa para algo», o, simplemente, «confía», pueden ayudarte a vivir esos momentos de una forma más liviana y amable.

Cuando puedes verlo en gran dimensión, la vida se vuelve mágica. Se reduce la resistencia, la ansiedad ante los cambios, el sufrimiento por la ruptura de lo planificado y también la ceguera; empieza a vislumbrarse el halo mágico que nos envuelve, que guía cada experiencia, aprendizaje y persona que aparece en tu vida.

Sí, todo es magia. Todo es milagro. Y cada persona, experiencia o vivencia, dure lo que dure, tenía que estar ahí en ese momento.

Los tiempos perfectos.

—*Maestro, ¿cuál es el secreto de tu serenidad?*

—*Cooperar incondicionalmente con lo inevitable.*

Tú eres magia cuando confías en la magia
de la sincronicidad en el universo y en tu vida.

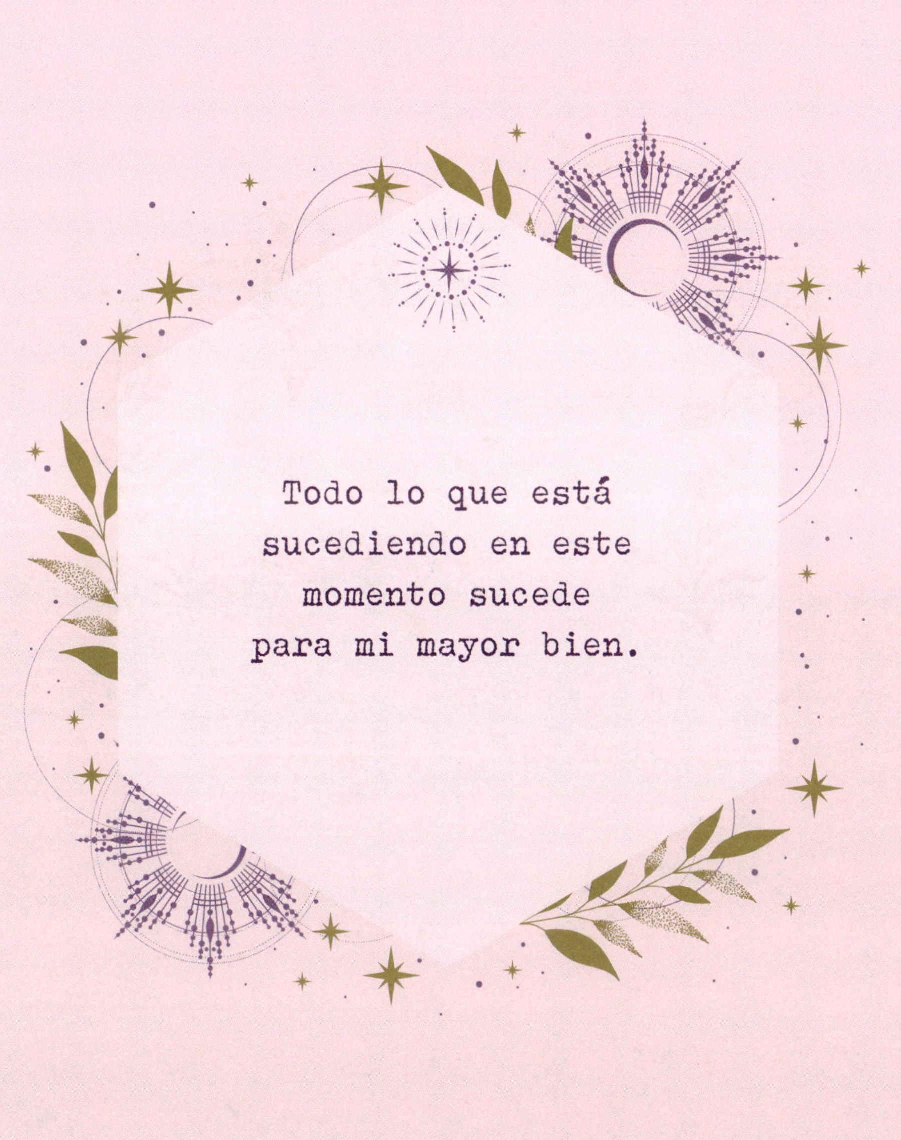

Todo lo que está
sucediendo en este
momento sucede
para mi mayor bien.

Tus planes.

Los planes de Dios,
del Universo,
del Creador.

Cree en la magia.

ABRE LOS OJOS A LA MAGIA QUE TE RODEA

Cada momento está lleno de nuevos comienzos.
Como el río cuando se entrega al viaje,
fluyendo sin miedo.
El universo siempre te acompaña.

Miro el reloj y son las 11.11.

Antes no lo veía; ahora puedo verlo cada día. Números espejo, 4.44, matrículas que me hablan, 4444, y mensajes por WhatsApp de 1.11 minutos de duración. Todo es magia todo el tiempo, y ocurre lo más mágico de todo: cuando te abres a ella, la detectas por todas partes.

Me pasan tantas cosas mágicas que hace unos años decidí usar una libreta para anotar muchas de ellas para que no se me olvidaran. La llamé «mi libro de magia». No todas las registro, pero sí muchas. Quizá un día escriba un libro solo con ellas, experiencias mágicas que anteriormente podría haber llamado casualidades, y sé que son más, que las casualidades no existen. Dicen que Einstein dijo eso de «la coincidencia es la manera que tiene Dios de permanecer anónimo» (Dios, el universo, el todo), y no sé si es una frase cierta, pero es muy certera. También se le atribuye esa otra con tanto sentido de «Dios no juega a los dados». Dios es el nombre que algunos le ponen a ese *algo* superior.

En mi compromiso con mi autenticidad, voy a compartirte algunas cosas personales que quizá hoy no comprendas, no creas o no compartas, como me pasaba a mí antes. Solo es mi experiencia, mi mirada a la vida, mi visión. Te invito a cuestionarlo todo y a la vez a abrirte a mirarlo como yo. Y a intentar hacer lo mismo con lo que se te está manifestando a ti, con otros ojos.

En julio de 2022 estaba acompañando en la distancia en sus últimos días de vida a Jose, que muchos años atrás fue mi pareja. Hablaba con él día y noche, acompañándolo en el tránsito de su enfermedad, cáncer. Ya no sabía cómo ayudarlo más, porque hasta el último día él siempre creyó que se curaría y yo era la única persona que le hablaba de la muerte como posibilidad, intentando prepararlo como podía para su transición. Me resultó muy complicado, especialmente mantener el equilibrio apoyando su recuperación como él quería ante la certeza que sentía de que su alma estaba preparando su partida. Días antes de su muerte, quedé con un chico que había conocido diez años atrás y del que no había vuelto a saber nada en todos esos años. El día de nuestra cita no iba a ir. Era domingo y me había pasado el día llorando porque sentí con claridad que el final de Jose estaba cerca, y lo sentí muy fuerte. Pero me puse un vestido negro, y finalmente fui. Tomamos un café y, en medio de la cita, le pedí disculpas por mi baja energía y mi tristeza, y le conté el proceso que estaba viviendo esos días. Él se mostró empático y me preguntó en qué hospital estaba, así que le conté que estaba a 700 kilómetros y que me costaba mucho saber la verdad de su estado de salud porque solo podía hablar con él. Al decirle el nombre del hospital y la especialidad en la que estaba ingresado, le cambió la cara. Por casualidad —causalidad, sincronía o magia—, su hermana era la enfermera de Jose desde hacía meses. Trabajaba en esa planta, en esa especialidad, en ese hospital. Siendo de mi misma ciudad, estaba trabajando a 700 kilómetros, y justamente allí. Gracias a ella pude conocer más información real acerca de su estado de salud, su proceso y su transición. Aún no puedo creer que esto fuera así; tenía que ir a esa cita porque estaba todo conectado. Además, desde ese día, ese chico forma parte de mi realidad, es mi compañero de vida, equipo, sostén y apoyo para todas mis transformaciones. Tengo la certeza de que me lo mandó él. GRATITUD.

El 9 de octubre de 2023, durante mi viaje anual a Florencia dormí en un hotel frente al Ponte Vecchio. Esa mañana, al despertar, me di cuenta de que no había dormido nada. Me levanté con la sensación de que durante toda la noche me habían estado susurrando al oído de manera continua una palabra: *Borghese*. Le pregunté a mi pareja si me había dicho él esa palabra o le sonaba de algo y me confirmó que en ningún momento la pronunció ni habíamos visto nada relacionado. Visitando la galería Uffizi hicimos un descanso en la terraza y se nos ocurrió buscar en Google qué significaba. Resultó ser un antiguo palacio que estaba detrás de nuestra habitación, pero no habíamos pasado por allí. En realidad, la palabra era un apellido y pertenecía a una familia de Roma que se trasladó a Siena y a Florencia muchos años atrás. No sabemos si el edificio donde nos alojábamos también era de esa familia. Prometimos continuar con la investigación, pero se nos olvidó. Más adelante, el 24 de octubre, subí a un crucero por primera vez con un grupo de personas que se apuntaron a un curso que impartimos. Nada más llegar, nos mandaron a la planta 9, donde teníamos que esperar unas horas tomando algo en la terraza mientras nos daban el camarote. Al subir al ascensor y pulsar el número 9, pude leer en el botón «Villa Borghese». Tuve un shock, fue tan impactante para mí que me tuve que bajar del ascensor para llamar por teléfono a mi pareja y compartirlo para procesarlo juntos. También lo compartí con mi comunidad de Instagram porque había compartido el sueño inicial con la palabra a voces. Aún no sé qué significa, pero sigo recibiendo y guardando esas señales que, estoy segura, me llevarán a alguna información importante y, quizá, de mi historia. PACIENCIA.

He hecho muchas terapias y usado muchas herramientas y metodologías para indagar en quién soy, de donde vengo, quién era antes, quién está conmigo, sobre todo de dónde me viene la información y cuál es mi propósito de vida, dos preguntas que siempre me acompañan. Después de hacer registros, canalizaciones, oráculos, péndulo, regresiones y casi todo lo que puedas imaginar, he llegado a una conclusión: no quiero mirar tanto hacia atrás sino enfocar mi energía en lo que ahora es. Siento que hay personas más centradas en descubrir su pasado o sus otras vidas que en hacer lo que han venido a hacer. Está bien acercarse algo, pero últimamente pienso que, si tenemos toda la información de lo que fuimos, no tendremos la misma mirada de pureza para ser lo que somos hoy. Sin tener total claridad sobre ello, puedo intuir cosas sobre esas otras vidas según lo que en esta vida me conecta, me emociona, me inspira o me aterra. Mis experiencias me ayudan a ello. La primera vez que fui a Florencia caminé sola y sin mapa a las diez de la noche por sus calles hasta llegar a la catedral, como si conociese el camino. Mucha gente en India me reconocía por los ojos y me decían que yo era de allí. Cuando visité el templo de Isis en Philae no sentí conexión con nada hasta que me dijeron que fue trasladado en 1970 porque el original se había hundido en el lago Nasser. Pudimos ir en barco a unos metros de donde se encontraban los restos del templo y donde quedan en pie dos arcos del templo inicial, y allí lo sentí todo. Me siento muy conectada al mar, a la belleza, a las princesas, al color dorado, a los cuerpos de seguridad y uniformes, a las armas de fuego, a los libros, a la naturaleza, a la magia. Muchas de las personas que están en mi vida puedo sentir que formaron parte ella antes. Siento una conexión que traspasa vidas con mi hija, con mi padre, con mi tía, con mis dos primas, con algunos de mis amores. Todo esto me cuenta de dónde vengo, de la sabiduría de mi alma, de mis vidas pasadas. Y también esas experiencias se manifiestan con sensaciones menos amables. Por ejemplo, al cruzar el puente de los suspiros en Venecia me dio un ataque de ansiedad y tuve que salir corriendo con los ojos cerrados. Era una cárcel y por allí cruzaban cuando se dirigían a morir. En un *ashram* en India un sacerdote me pidió insistentemente que me quedara allí con él y me dio tanto miedo que pedí que no me dejaran sola y me fui en cuando pude, sin mirar atrás, como si huyera de algo que ya me había pasado. Me ahogo en algunos lugares, me dan ansiedad otros, mi cuerpo rechaza la energía de algunas personas y hay sitios a los que nunca iré, como Auschwitz. El machismo y anulación de la mujer y sistemas como la Iglesia, el extremismo musulmán y todo lo que infravalore a la mujer me producen rechazo extremo y miedo. Todo esto me conecta con quien era yo, lo que pude ser, aprovechando mi experiencia pasada para crear un mejor presente, entregando todo lo que soy, lo que fui y lo que puedo ser, al mundo, con mi servicio. Esto para mí también es la magia de mi vida: darme cuenta de lo que siento, validarlo, darle su lugar, y seguir. RESPETO.

También es magia sentir que estás donde tienes que estar. Muchas veces voy a sitios sin saber muy bien por qué estoy yendo. Cuando me doy cuenta de que voy sin aparente intención, sé que, de alguna forma, estoy siendo llevada hasta allí para algo. Mis viajes son así: me conecto al modo automático en el que bajo el control y despliego las antenas, porque los vivo desde la magia de descubrir las cosas que aún no sé que ese lugar tiene para mí. Este último año estuve en unas ruinas de una ciudad romana en Cádiz, y en medio

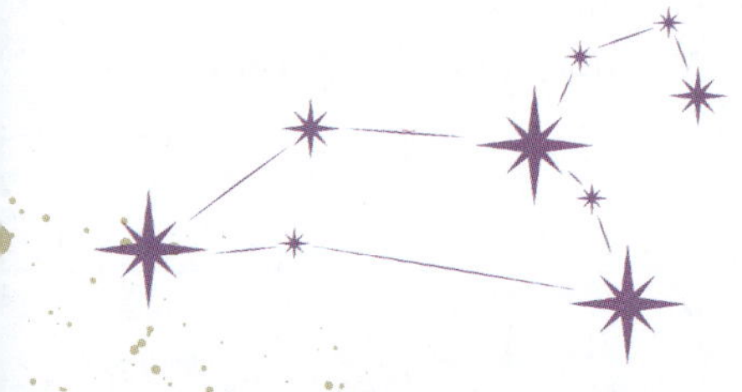

del foro, descubrí un templo que se llamaba «templo de Isis». Isis era una diosa egipcia. ¿Qué hacía un templo dedicado a ella en medio de un foro romano? Pues resulta que los romanos adoptaron esta diosa por su fuerza e importancia. Al llegar a ese lugar comprendí que tenía que ir allí para saber eso. Dos meses después estaba en el otro templo de Isis, en Egipto, conectando los puntos, descubriendo nuevamente a través de mi sentir, que la razón de esos viajes era pisar ese templo y las ruinas del templo original. A las dos semanas viajé a Perú y a Cusco, con múltiples y bellas experiencias, y, al subir a Machu Picchu y contemplar el despliegue de la naturaleza con su lluvia, sol y doble arcoíris para nosotras, descubrí con mi sentir, para qué tenía que ir hasta allí. Todas ellas son experiencias y eventos confirmatorios de lo que siento cuando me abro a sentir los lugares, los viajes, la conexión con el mundo. Suele haber un momento en el que digo: ahora entiendo por qué tenía que venir aquí. Esto también es magia: la magia de abrirte a la magia que te rodea. CONFIANZA.

El 19 de noviembre de 2019, fui a Perú a tener un encuentro muy especial con una amiga artista de Lima, Pamela. Combinamos arte y letras, y muchas personas acudieron a que les firmara los libros y a conocerme. Fue una experiencia preciosa, de la que tengo bellos recuerdos. En el año 2023 me invitó a volver. Lo planeé, pero cuando llegó el momento no me encontraba con fuerzas para viajar sola durante tanto tiempo ni para enfrentarme a situaciones muy sociales y de exposición como son mis firmas, así que no fui. De hecho, ese año apenas viajé. En 2024 me sentí más fuerte y decidí volver a proponerle mi visita a Pamela para hacer algo especial en Lima. Cuando ya lo teníamos todo planeado —viaje, evento y una escapada a Machu Pichu aprovechando mi estancia en Perú—, nos dimos cuenta de que el evento estaba programado ¡el mismo día! El 19 de noviembre cinco años después. Hay muchos días en el año, ¿cómo es posible? Algunos lo llamarán coincidencia, otros lo llamamos magia. DESPERTAR.

La semana pasada decidí invertir en un pequeño terreno para hacerme una casita en el campo con todo el miedo propio de una inversión, y a hacerla además sola (las profesionales independientes sin apoyo financiero me entenderán un poco más), pero dije SÍ y firmé el contrato. Ese mismo día me anularon una formación de gran importe económico para ese mismo mes. Como humana que soy, al principio me abordó el miedo. «¿Y si me estoy equivocando? ¿Y si no puedo afrontarlo económicamente?». Respiré. Cerré los ojos y me pregunté desde donde venía mi decisión. Mi decisión venía del sueño de tener una casita en la naturaleza. Mis pensamientos y dudas venían del miedo, que me acompañaba para protegerme. «Gracias, miedo, por estar siempre ahí para cuidarme de lo que yo no veo». Respiré. Y entonces seguí adelante, porque sentía que era acertado, y que todo iba a salir bien. Confié. «Laura, confía, todo está bien». Envié el contrato de reserva y me inundó la ilusión mezclada con un poco de todas las emociones del ser humano. Al final del día, recibí un mensaje: esa formación de gran importe económico que se había cancelado se cambió de día y seguía adelante. Pero la magia continuó. Ese viernes hice la reserva del terreno con un importe que tenía guardado para ello. Para que el ejemplo tenga en ti el impacto que tuvo en mí, vamos a ponerle un número simbólico, por ejemplo, pongamos que entregué 30.500 € de reserva. Pues bien, a los cinco días me llegó un ingreso por la venta de mis libros dos meses antes de lo esperado. Cuando abrí el email y vi el importe me puse muy contenta, porque sentí que era el universo apoyando mi decisión. El momento mágico fue que el total a ingresar era justamente de esos 30.500 €. El mensaje no podía estar más claro para mí. Universo, gracias por sostener mis decisiones y mostrarme el camino. INTUICIÓN Y CONFIRMACIÓN.

Mientras escribo esto estoy pensando «qué suerte tengo de creer tanto en esta magia que nos acompaña, que se manifiesta continuamente y que a veces no somos capaces de ver». Voy a volver a tierras de Avalon en un mes, con mi pareja. He pensado qué bonito sería hacerle vivir algo mágico allí, aunque en sí misma esa tierra ya es mágica, y alguien me dice que, justo los días que yo voy a estar allí, una coach lleva a un grupo y, como parte de la experiencia, van a hacer una sesión de constelaciones con caballos. Pienso que es muy buena idea y la busco en Instagram para preguntarle si podemos unirnos a esa actividad y hacerle ese regalo a mi chico (y a mí, claro). La encuentro, abro los mensajes y mi sorpresa es, que tuve una conversación con ella cuatro años antes. En esa conversación, Yolanda, que así se llama, me pedía que le hiciera el prólogo a un libro que estaba escribiendo, ya que decía sentirse muy inspirada por mis libros y por mí. Después de una conversación, veo que no había contestado al último. Seguro que se me pasó, o no pude atender su petición en esa ocasión. Decido mandarle un mensaje de voz, le explico mi petición y le pido disculpas por no haber podido ayudarla en ese momento, que justo ese año mi estado emocional era de una tristeza tan profunda que ni lo recordaba, pero que quizá no me había sentido capaz. Quería decírselo; merecía una explicación. Pero, para mi sorpresa, responde al mensaje con una foto en la que sale el prólogo de su libro, firmado por mí. «Laura, no te preocupes, te contacté por email porque yo tenía claro que tenías que ser tú, y me hiciste el regalo de hacerme este precioso prólogo que inicia mi libro», me dice. No me lo podía creer. No lo recordaba... Y lo más mágico viene ahora: resulta que, por circunstancias de salud, retrasó la publicación de su libro y salía a la venta ¡la semana siguiente! Es como si se cerrara el círculo, como si tuviera que ser así. Las dos compartimos nuestro shock, eso que sientes cuando sabes que lo que sucede es pura magia y no se puede explicar. Y, por supuesto, ya hemos quedado para hacer nuestra sesión con dos preciosos caballos en Avalon si todo sale según la magia que nos guía. Quiere hacernos este regalo en parte con la gratitud y la magia que ha conectado todos los puntos. Gracias, Yolanda, por ser parte de esta experiencia confirmatoria de que la magia siempre está ahí para nosotros, guiándonos y acompañándonos. CERRAR EL CÍRCULO.

Cuando aprendes a ver las señales que te rodean, todo es magia.

Magia. Señales. Camino. Confianza. Certeza. Fe. Corazón. Escucha. Sentir. Creer. Lealtad al camino del alma.

Parte de la magia es reconocer que tu intuición, tu alma, tu espíritu, siente el camino, la respuesta o que algo no es para ti, antes de que puedas verlo. Confía.

Libros que se caen de la estantería para ti. Personas que se cruzan en el momento justo. Planes que se anulan porque aparece algo que tenías que vivir. Los seres espirituales o el Universo o la vida poniendo y quitando personas, planes, cosas, opciones, proyectos, creando la película perfecta para ti, para que aprendas lo que tienes que aprender, viviendo lo que tienes que vivir. Así de fácil de sentir y de complicado de entender. Sigamos creando y creyendo en la magia que nos rodea.

Tú eres magia cuando abres los ojos a la magia que te rodea.

Magia en el valle sagrado de Machu Picchu, Perú, 2024.

LA MAGIA DE LA VIDA DESPUÉS DE LA MUERTE

—¿Crees que hay continuidad después de la muerte?
—No lo creo. Simplemente es así.

Ram Dass

En memoria de mi amiga Adela

En mi libro *Confía* también quise tocar un poco el tema de la muerte y la enfermedad, que nadie nos cuenta, para incluirlo y normalizarlo en nuestra vida, y también —aunque te cueste creerlo, incluso te duela— es parte de la magia.

En el mundo del alma se dice que una persona está aquí, en este plano, hasta que cumple lo que ha venido a hacer. Cuando escuchamos esto lo primero que nos viene a la mente es la incomprensión ante la partida de personas jóvenes, con toda la vida por delante, o incluso niños. O los no nacidos. A mí también me ha costado mucho tiempo comprender lo que te voy a contar, pero hoy puedo decirte que más allá del dolor, lícito e implícito en este proceso de despedida que forma parte de nuestra humanidad, todo forma parte de un plan (divino) que es precisamente la misma razón por la que estamos aquí.

A la pregunta «¿por qué estamos aquí?», la respuesta es: por un plan divino que así lo ha querido. A la pregunta «¿por qué nos vamos de aquí?», la respuesta es la misma. Así de sencillo y de complicado. Aunque no podamos entenderlo, por dolor, por amor.

La muerte tiene su lado de magia aquí, y allí. Cuando alguien cercano muere, se crea un halo de energía en los que se quedan que también mueve cosas, cambiando la mirada, las acciones, las relaciones; a veces muy levemente y otras veces todo lo contrario.

El mensaje de la muerte es la propia vida.

Siempre digo que la muerte nos enseña más de la vida que la propia vida. Cada muerte de personas cercanas a las que quiero me hace replantearme la existencia, mi forma de vivir, las prioridades que tengo, en un ejercicio de humildad en el que la muerte me sitúa en el lugar que me corresponde. Ni muy grande ni muy pequeña, justo en mi lugar. Recordándome que estamos de paso, que cada segundo aquí es un regalo y que viva lo importante. Que nos vamos, y nada de lo que tienes se va contigo. El valor de las personas, la familia, el amor. Puede parecer muy típico, pero es de todo menos consciente. Hacerlo consciente de vez en cuando nos ayuda a volver a nuestro centro y recuperar lo que de verdad importa.

Tú eres magia, también cuando vives la muerte como parte de la vida, siendo la misma cosa.

Me gustó de la cultura egipcia su relación tan bonita con la muerte como transición. A la tumba se llevaban sus joyas y tesoros para que fueran con ellos en su viaje. Les ponían máscaras que representaban sus caras para que el alma pudiera encontrar de nuevo su cuerpo. Decoraban la tumba con jeroglíficos de su historia personal para recordarla, y dibujaban una puerta justo delante de la tumba, a sus pies, llamada la puerta del alma, para que pudiera salir. El alma es, para ellos, un embajador entre ambos mundos.

Para los incas, la muerte también es un viaje a otra dimensión de la vida, como la continuidad del ser dentro de la totalidad existencial y universal. El espíritu del muerto, *camaquen*, debe recorrer un largo y oscuro camino para llegar a la otra vida.

Para los budistas, la muerte es solo el principio de otra vida que se irá repitiendo una y otra vez, mientras evolucionan espiritualmente y hasta que pueden ver la Verdad, hasta llegar al Nirvana.

Me cuesta creer que aun en este momento de la evolución humana nos cueste creer en que existe algo más después de la muerte. Cada vez tenemos más ejemplos en primera persona de las experiencias cercanas a la muerte (ECM), y todas ellas relatan con concreción y similitud cómo trascienden al otro lado, aunque luego, por la razón que sea, vuelven. Todos coinciden en ver un túnel luminoso, ser recogidos o acompañados por almas conocidas y sentirse inundados por un sentimiento de paz absoluta que aquí, en la tierra, nunca han sentido. Es precioso saber que nos espera un camino así, que quizá lo difícil esté aquí y no allí, y que, de alguna manera, nos vamos a reencontrar con las personas que amamos. Si es cierta la teoría de que nos reencarnamos en familias de almas, somos los mismos en diferentes roles en una vida y otra, para evolucionar juntos. Conectarme con esta información me invitó a abrirme a la posibilidad de que la muerte solo fuera una puerta a otro lugar, y que, al ser todo energía, como tú y yo, es posible estar conectados más allá de lo que podemos ver, tocar, y más allá del tiempo y el espacio. Desde esa mirada, la vida es más mágica aún, aunque se escape de nuestra capacidad para comprender.

Amo la historia de Omm Seti. Dorothy Louis Eady (1904-1981) fue conocida como Omm Seti y pasó toda su vida cuidando el templo del faraón Seti I en Abydos, Egipto. Dorothy, a los tres años, tuvo un grave accidente en su casa de Londres. Se precipitó por las escaleras y el médico solo pudo certificar su muerte. Pero, una hora después, la niña había recobrado la vida y estaba como si nada jugando sobre la cama. Años más tarde ella misma afirmaría que «alguien» regresó del pasado más remoto para revivirla. Cuenta cómo, después de ese accidente, tenía extraños sueños recurrentes en los que veía un gran edificio rodeado de columnas y de exuberantes jardines repletos de árboles frutales. Despertaba siempre con las mismas palabras saliendo de su boca: «¡Quiero volver a casa!». Tiempo después, en una visita al Museo Británico de Londres acompañada de sus padres, cuando entraron en la sala de antigüedades egipcias la niña corrió a besar los pies de las estatuas ante el asombro de todos, mientras exclamaba que aquellos eran sus dioses y que quería regresar a su casa, en Egipto. Nadie en su familia tenía afinidad por esa cultura ni sabían de dónde le podía venir esta conexión a Dorothy. Fue tanta la obsesión y persistencia que, con tan solo diez años, empezó a estudiar egiptología con Ernest Wallis Budge, conservador del Museo Británico, y aprendió a leer jeroglíficos a su corta edad, para el asombro de este gran profesional. Durante los diez años siguientes, Dorothy recibió todas las noches de luna llena algunos mensajes por medio de escritura automática, que le revelaban misterios que ella luego confirmaba con los expertos, para asombro de todos.

Su vida estuvo centrada en devolverle al templo de Abydos parte del esplendor que ella conoció, ya que pasó su vida afirmando que era la reencarnación de una sacerdotisa llamada Bentreshyt, amante de Seti I, el padre del gran Ramsés II. Aportó muchísimo a la investigación sobre el antiguo Egipto y finalizó sus días el 21 de abril de 1981 en el templo de Abydos, que tanto amó y cuidó. Dispuso que su tumba mirara hacia Occidente, donde se ubica el reino de Osiris, para contemplar cada mañana la salida de Ra, el dios Sol, montado en su barca sagrada y dispuesto a realizar su travesía diaria por los cielos de Egipto. Su historia nos conecta con la magia de la vida después de la vida y las vidas interconectadas en espacio y tiempo.

San Agustín, por su parte, nos escribió un texto para recordar siempre, que te comparto aquí con todo mi amor, por si en algún momento te abraza el corazón.

«La muerte no es nada. Yo solo me he ido a la habitación de al lado. Yo soy yo, tú eres tú. Lo que éramos el uno para el otro, lo seguimos siendo. Llámame por el nombre que me has llamado siempre, con nombres y sobrenombres.

Háblame como siempre lo has hecho. No lo hagas con un tono diferente, de manera solemne o triste. Sigue riéndote de lo que nos hacía reír juntos. Que se pronuncie mi nombre en casa como siempre lo ha sido, sin énfasis ninguno, sin rastro de sombra. La vida es lo que es, lo que siempre ha sido. El hilo no está cortado.

¿Por qué estaría yo fuera de tu mente, simplemente porque estoy fuera de tu vista? Te espero... No estoy lejos... justo del otro lado del camino... ¿Ves? ¡Todo va bien! Volverás a encontrar mi corazón.

Volverás a encontrar mi ternura acentuada. Enjuga tus lágrimas y no llores si me amas».

Tú eres magia cuando te abres a la vida después de la muerte.

LIBERARNOS DE LA CULPA ANTES DE PARTIR

En la mitología egipcia, «el peso y la pluma» era un rito funerario que determinaba el destino del alma en el Más Allá. Al llegar allí, el corazón se pesaba en una balanza y en la otra se encontraba la pluma de Maat, diosa de la verdad y la justicia. Si el corazón pesaba más que la pluma, significaba que el difunto era culpable y su corazón sería devorado por Ammit, una bestia mitológica. Si el corazón era más ligero que la pluma, significaba que el difunto era puro y justo y podía entrar en el reino de Osiris. Quizá por eso aún en nuestros días usamos la frase «el peso de la culpa».

Que podamos vivir una vida llena de Vida, liberarnos del peso de la culpa, aprender a rectificar y reparar cuando nos equivoquemos y lleguemos al «más allá» con el alma libre.

Magia en el Taj Mahal, India, 2019.

LA MAGIA DE ABRIRTE A TODAS LAS POSIBILIDADES

> Solo tienes que darte cuenta de que la vida te está ofreciendo un regalo y ese regalo es el flujo de sucesos que te ocurren entre tu nacimiento y tu muerte.
>
> Esos sucesos son apasionantes, desafiantes y producen un tremendo crecimiento.
>
> Michael A. Singer

El 2024 fue un año de despertar a una parte de la realidad que no veía. En ese camino marcado de «ser llevados» a donde tenemos que ir, de forma mágica, viajé a tres destinos importantes en cuatro meses sin tiempo casi para integrar lo vivido, pero con la certeza de que tenía que ir a esos lugares para algo. Aún no sé exactamente para qué, pero, mientras llega, mis vivencias en esos destinos han ido detonando otras aperturas de conciencia, mostrándome posibilidades que mi mente nunca contempló. Quizá el propósito de esos viajes era justamente ese, quién sabe.

Quiero contarte algunos de esos descubrimientos que antes no podía ver y que, desde esta nueva mirada, puedo, al menos, cuestionar, que ya es mucho.

En mi viaje a Avalon descubrí el paso de los esenios por tierras de Britannia (Gran Bretaña), la teoría de Jesús de Nazaret como maestro esenio (Yeshua bar Yosef), su conexión espiritual con su compañera de vida, María Magdalena (Miriam) y los manuscritos esenios distribuidos por el mundo gracias a la actividad comercial y los barcos del tío de Yeshua, José de Arimatea. Fue un comienzo interesante para mí, para poder abrirme a nuevas posibilidades y poner un poco de orden en mis creencias, que a veces siento que se me imponen. Desde entonces no dejo de leer libros sobre la sabiduría de los esenios y los manuscritos encontrados en Qumram, y cada vez tengo más clara mi afinidad con esta teoría.

En el séptimo día del viaje la magia siguió actuando: visitamos un *crop circle* (círculo de las cosechas o agroglifos): dibujos geométricos, extremadamente complejos, que aparecen en los campos de trigo de forma repentina y a los que no se encuentra explicación lógica desde la década de los sesenta. Esta experiencia me abrió a la idea de que los extraterrestres se estuvieran comunicando con nosotros —o jugando, que también lo sentí—. Y lo dejé ahí. Era una locura para una mente racional como la mía, pero lo había visto. Había estado allí. Hablé con el dueño de ese campo. Vi la precisión y complicación de la figura geométrica por la que paseé, con menos del 0,01 por ciento de error. Me abrí a la posibilidad.

El velo que cubre nuestros ojos se disuelve cuando aprendemos a ver con los ojos del alma.

Así han sido estos meses, una sucesión de gran intensidad de experiencias que han ido rompiendo muros de creencias, diluyendo verdades incuestionables, dando un pasito más hacia la comprensión del mundo, o al menos, dejando caer los velos que no me dejaban ver. Eso he sentido.

Mi experiencia en Egipto, que aún no la he procesado por la intensidad en mis sensaciones, y mi precioso viaje a Perú, que me conectó con lo vivido en Egipto, y me hizo darme cuenta de que está todo vinculado, con mucha simbología, piedras y técnicas compartidas, a pesar de estar a más de 12.000 kilómetros de distancia. En ambos lugares —y en muchos otros como Angkor Wat en Camboya, Göbekli Tepe en Turquía, el templo de Kailasa en India o Rapa Nui en Isla de Pascua— los expertos a nivel mundial coinciden en la misma frase: «Técnicas demasiado avanzadas para su época». Muchos son además de épocas anteriores a las que están atribuidos, porque no tendría sentido datar su construcción a una época previa a la aparición del ser humano, aunque muchas así lo indican (algunas pueden datarse en el 10.000 o 12.000 antes de cristo).

Que el miedo no te impida ver la magia.

Algo que ya no quiero que me pase es que el miedo me impida ver. Quiero vivir abierta a todas las posibilidades, quiero vivir con todos los sentidos abiertos a lo que se ve y a lo que no se ve. Quiero romper los límites de mis creencias, que sé que me mantienen a salvo, para salir de esa seguridad aparente y aprendida para poder abrirme al «no sé», a lo que puede ser y a lo que pudo ser, aunque no pueda explicarlo.

Las creencias son las jaulas de tu mente. Solo tú puedes ser la llave que te haga ser libre.

Muchos expertos en culturas antiguas y arqueólogos son también expertos en desestimar todo lo que diga lo contrario a lo que ellos piensan. Yo quiero cuestionar lo que veo, cuestionar lo que pienso, dejarme sentir cada vez que puedo tocar alguna de esas maravillas de la Antigüedad. Es como si una parte de mí supiera la verdad, o al menos que eso que me cuentan no es toda la verdad. Hay muchas cosas que no tienen explicación o que desde nuestra mente racional no comprendemos, y está bien así. Pero imponernos una verdad sin serlo, ya no. Me he descubierto con una sonrisa cómplice cuando siento que estoy viendo algo más grande que yo, o algo que no puedo explicar, como cuando vi la gran pirámide de Giza o el Serapeum de Saqqara.

Me abro al no saber, a cuestionar lo que me dicen que es, a sentir lo que me llega cuando puedo contemplarlo.

Mi conclusión después de ver tantos lugares con esa mirada del «no sé» es que efectivamente existe un eslabón perdido en la historia, algo que no podemos explicar con el mundo que hoy conocemos, con el ser humano que conocemos. Y el miedo nos obliga a desterrar cualquier posibilidad que no podamos controlar. Y eso es lo que nos impide avanzar. Ese eslabón perdido en la historia explica lo que no podemos. Te podría contar más sobre esto, que me apasiona, pero de aquí saldría otro libro. Solo te pido que lo cuestiones todo, también a mí, y te abras a todas las posibilidades hasta encontrar la tuya.

Magia es ver lo invisible y mirar con el corazón.

Tú eres magia también cuando te abres a todas las posibilidades de magia a tu alrededor.

Magia en el jardín del Palazzo Pitti,
Florencia, Italia, 2024.

LA MAGIA DE LA NATURALEZA

Cada árbol es un poema que
la tierra escribe sobre el cielo.

Khalil Gibran

La magia de la naturaleza siempre está sosteniéndote, acogiéndote, cuidándote, nutriéndote. Da sin pedir nada a cambio, te recuerda la abundancia que eres, y que es, renaciendo una y otra vez cuando parece que ya no queda nada. La Madre Tierra siempre está nutriéndote: con su comida, sus frutos, sus árboles, la belleza de sus plantas, la tierra en la que vivimos, donde construimos nuestras casas, el agua que nos permite vivir, el aire que nos permite respirar. La naturaleza nos equilibra, nos restaura la energía, nos devuelve a nuestro centro energético cuando nos perdemos.

La cuestión es ¿cómo le pagamos nosotros?, ¿cómo le devolvemos todo lo que hace por nosotros? Siempre nos está dando, cuidando, atendiendo, sosteniendo, nutriendo, y nos pasa como con el amor de madre: como siempre ha estado, lo damos por sentado, y por eterno.

Pero a veces el alma de la naturaleza también llora. Los campos se queman (los quemamos), el agua se ensucia (la ensuciamos), no protegemos la naturaleza y construimos en lugares sagrados, el aire se contamina (lo contaminamos), los árboles mueren (los talamos) y las flores desaparecen porque no las cuidamos. Esto es, desgraciadamente, lo que le damos a cambio a la naturaleza, a la Madre Tierra que nos sostiene, que nos nutre, que nos sana.

Y hoy podemos hacerlo diferente.

Hoy puedes comenzar a conectarte con ella de otra manera. Amando su magia desde tu magia. Amando su vida desde tu vida. Amando su belleza, desde tu belleza. Honrando cada paso que das sobre ella, agradeciendo todo lo que hace por ti. Sintiéndola, abrazándola, tocándola. En la acción se traduce respirando, consciente, su magia desde la gratitud de vivir en ella, abrazando un árbol, admirando una flor, caminando consciente sobre ella y recordando que todo es sagrado. Recibe el sol, honra la lluvia, emociónate con un arcoíris, ama todas sus manifestaciones sagradas.

Hazle ofrendas. Quizá plantar unas flores en algún sitio especial para ti en honor a ella, como la diosa que es, el espíritu vivo que te siente, la madre naturaleza que te acoge. Quizá, como hacen los chamanes de México, darle comida a la tierra que te da comida a ti, como una ofrenda de gratitud y reciprocidad, lleno de amor. Quizá decorar un árbol con algo valioso para ti, que lo embellezca sin contaminar y le recuerde que es amado. Mi mayor ofrenda es el amor, cuando me siento en la arena y hablo con el mar, cuando me acerco a un árbol con respeto y admiración por su edad, su estabilidad, su fortaleza, su resiliencia, y le transmito mi amor con mis manos. Cuando doy de comer a los pájaros en libertad en mi casa cada día. Cuando respiro el aire puro y doy gracias a la vida por poder hacerlo. Cuando siento que de mis pies salen raíces hacia la tierra que me sostiene y me da fuerzas y centro para seguir. Cuando soy consciente de que, gracias a la naturaleza, estamos aquí. La consciencia nos llega tarde, pero a tiempo para conectar nuestra magia a la suya, para sabernos parte de ella, para sentirla parte nuestra, para acercarnos con amor, respeto, humildad, admiración, a la grandeza que es. Y desde ahí, vivir conectados a la magia de la naturaleza.

Gracias por la luz.

Gracias por el agua.

Gracias por la tierra.

Gracias por los frutos.

Gracias por el aire.

Gracias por la lluvia.

Gracias por crearme, por recibirme al nacer, y al morir. Gracias por ser hogar para mi alma y mi cuerpo, por ser maestra y madre, por ser incondicional. Prometo aprender a amarte más bonito cada día.

Tú eres magia cuando te conectas a la magia de la naturaleza.

Anjali Mudra

Es una reverencia al Yo divino. Mano derecha y mano izquierda se unen en el centro (corazón) sombolizando la unión, la comunión y el equilibrio de mi masculino y mi femenino, de mi parte terrenal y mi divinidad. Simboliza la integración de mis partes en mi centro: mi corazón.
Al usarlo como saludo o gratitud simboliza honrar la existencia del otro.

LA MAGIA DE DESCANSAR EN OTRA PERSONA

Las almas gemelas no se encuentran.
Se reconocen.

Khalil Gibran

Estamos tan acostumbrados al «yo puedo con todo», que el día que descubrimos que podemos descansar, cambia el mundo. Nuestro mundo.

Un día se inventaron los abrazos para poder recogernos de nuestro cansancio y dejarnos caer sobre alguien, porque el cansancio compartido es más ligero, al igual que el dolor compartido es menos dolor. En un abrazo podemos soltar parte de lo que nos agota, lo que nos apaga, para recobrar fuerzas con la energía del nosotros. Dejar de ser tú, para ser nosotros, por unos instantes. Ese abrazo que te recuerda que no estás solo, que nunca lo estuviste, aunque el peso del mundo a veces te haya hecho pensar que sí. El abrazo que te salva de la enfermedad que llega cuando mantienes un exceso de carga mucho tiempo, cuando sientes que estás solo con todo o que todo es para ti. El abrazo que te sana al sentir, por unos instantes, que todo está bien, que estás a salvo, que el mundo se detiene unos segundos para que descanses.

Descansar de lo tuyo en el otro. Descansar con otro. Rendirte en el otro. Un abrazo a tu alma.

Quizá nos cuesta vivir esa vulnerabilidad, asumir que no, no podemos con todo, y tampoco tenemos por qué poder. Nos cuesta soltar esa exigencia autoimpuesta a veces, regalada otras, de tener que ser fuertes todo el rato, a todas horas, porque se supone que tenemos que ser así.

Mira a tu alrededor. Puede que no veas a nadie, pero nunca estás solo.

No es necesario poder con todo. Ni con todo a la vez.

No es necesario tener todas las respuestas. Y no pasa nada.

No es necesario demostrar nada a nadie. Y tampoco a ti.

Tienes permiso para soltar eso que tanto te pesa, compartir la carga, dejarte ayudar. Puedes pedir ayuda.

No tienes que tomar tú todas las decisiones. Está bien dejarte guiar, que alguien decida por ti en algún momento o simplemente seguir a otro sin tener que liderar.

Tienes permiso para descansar. Tienes permiso para cuidarte. Tienes permiso para compartir tu carga.

Y entonces la carga se transforma en ligereza.

El cansancio se transforma en descanso.

La soledad se transforma en confianza y complicidad.

Deja actuar la magia que ocurre cuando sueltas las armas y abres tu alma, cuando te rindes en la lucha de poder con todo y te entregas al amor de dejarte sostener, cuidar, acompañar.

Tú eres magia cuando te permites descansar de todo lo que llevas contigo, en el abrazo que te acoge con amor.

El precio de tu fortaleza a veces es
no saber descansar en otros.
Dejarte caer. Sentir. Ser.
En tus hombros pesa la fortaleza de tu ancestras,
el sobreesfuerzo, la soledad impuesta, el silencio.
Con los ojos cerrados cargas lo que no es tuyo,
las responsabilidades de los demás, la culpa,
intentando salvar a quien no sabe salvarse a sí mismo.
Con los ojos abiertos puedes ver todo lo que no es tuyo
y ya no quieres,
porque cada hilo que te conecta al peso de otros
te aleja de ti y de lo que has venido a ser.
Suelta.
Entrégate al amor, entrégate al dolor,
entrégate a la transformación.
Despierta a tu magia, siente tu fortaleza genuina y libre,
recuerda los sueños que un día olvidaste para salvar a otros.
Eres fuerte y también puedes descansar.
Eres poderosa y también puedes dejarte cuidar.
Eres magia,
y con tu amor te sanas a ti
y a todo tu clan.

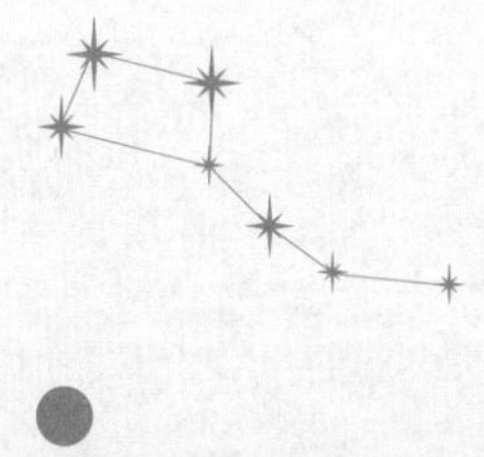

Tú eres magia cuando descubres que la vida es una escuela donde experimentar, evolucionar, recordar y aprender a amar.

Magia en Glastonbury Abbey, abril 2025.

LA VIDA ES UNA ESCUELA

¿Cómo puedo creer que cada respuesta está dentro de mí y ha estado ahí desde que nací, cuando siento que tengo tanto que aprender?

No tienes nada que aprender.

Lo único que tienes que hacer es recordar.

Neale Donald Walsch

Imagina que tu experiencia en esta encarnación termina y tu alma trasciende. Después de viajar por túneles, luces y nubes, llegas a un lugar maravilloso en el que te permiten revisar tu camino durante unos minutos, extraer el aprendizaje más importante, mirar si has conseguido el objetivo por el que elegiste encarnar en esta vida y, en función de eso, pasar al siguiente nivel o repetir curso.

Si la vida es una escuela, sería así y para eso. No es una competición; cada uno tiene su propio objetivo o aprendizaje por alcanzar, estamos todos unidos pero cada uno en su camino. Nada pasa contra ti; todo pasa para ti. Voy a resumirte algunos aprendizajes desde ese lugar en el que miras hacia atrás y te das cuenta de que podías haberlo vivido de manera diferente. Recíbelo con todo mi amor:

- Estamos de paso, la vida es un regalo, cada día una nueva oportunidad para hacerlo distinto.
- Hemos venido a aprender. Todos. Sin excepción. Por tanto, cuando creas que alguien sabe muy bien lo que está haciendo, recuerda que está en su camino de aprendizaje, ensayo y error, al igual que tú.
- Cada experiencia es una lección única en nuestro camino de desarrollo y aprendizaje.
- El aprendizaje nunca termina, nuestra mayor capacidad es la de aprender cada día, desaprender, modificar aprendizajes, incorporar nuevas habilidades y conocimientos en nuestra vida. La neuroplasticidad cerebral vino a recordarnos que nada está hecho, todo está en continua creación.
- Cada persona de tu vida es un maestro para aprender algo que necesitas, por eso está en tu vida. Cuando dejas de necesitarlo, o desaparece o se transforma.
- Cada experiencia de tu vida también es un maestro para aprender algo de la vida, y de ti. Te ayudará ver las experiencias como desafíos y no como castigos.
- En esta escuela tu mayor maestra eres tú misma. Por mucho que escuches, aprendas, las respuestas siempre están en ti.
- La oscuridad es un gran maestro para descubrir tu luz.
- Los errores son un gran maestro para descubrir tu fortaleza y creatividad.
- Aprender a confiar es una gran llave para dejarte sostener por la vida.
- Cuando quieras saber cómo te amas, mira tus relaciones. Las relaciones son un reflejo de cómo te estás amando a ti misma.
- Para que llegue lo que quieres necesitas creer que lo mereces.

- ✧ Dejar ir lo que ya no resuena contigo te libera.
- ✧ Creer en ti te ayuda a vivir las experiencias que necesitas para tu evolución.
- ✧ Cada aprendizaje es la base para el que viene después.
- ✧ La verdadera magia no está en evitar el dolor o la incertidumbre, sino en aprender a fluir con ella y en abrazar lo que es.
- ✧ No te tomes las cosas tan en serio, en realidad todo es un juego.
- ✧ En esta vida escuela, todo es magia.
- ✧ Cambia todos los «aprender» por «recordar», porque el alma ya sabe, pero a la mente humana le cuesta entender esto.
- ✧ Disfruta de la experiencia.
- ✧ Disfruta de los aprendizajes.
- ✧ Disfruta de ti.

La vida, en su sabiduría infinita, nos invita a ser estudiantes y maestros de nuestra propia evolución. Lo que importa es vivir las experiencias con ojos de aprendiz, con autoamor y con gratitud.

Posdata: El objetivo por el que estás aquí, viviendo esta experiencia humana, es amar y amarte. Resulta que, como todo lo importante de esta vida, buscaste fuera, pero siempre estuvo en ti.

Tú eres magia cuando descubres que la vida es una escuela donde experimentar, evolucionar, recordar y aprender a amar.

Trisquel

Símbolo celta. En los druidas repesentaba la trinidad y el crecimiento. Los tres brazos representan pasado, presente y futuro, así como el equilibrio entre cuerpo, mente y espíritu.
Manifiesta el principio y el fin, la eterna evolución y el aprendizaje perpetuo.

CREER, CREAR, EXPANDIR (MAGIA)

Creer nos invita a imaginar lo invisible.

Crear es la magia que surge al confiar en lo que no vemos y expandir es llenar de magia el infinito.

Somos un universo compartido.

La vida se crea desde dentro hacia fuera, la respiras cuando dejas pasar el universo a través de ti en cada inhalación y expandes todo lo que eres en el mundo con cada exhalación. Como con cada paso de un baile, extiendes lo que eres a cada instante.

Creer, crear y expandir forman el ciclo constante que nos conecta con lo divino y lo humano, desde dentro hacia fuera, transformándonos al tiempo que transformamos el mundo desde la fe del que siente sin ver.

Creer, crear y expandir forman parte de la misma manifestación, del arte de vivir con magia, del deseo profundo de contribuir a un mundo más consciente y elevado espiritualmente.

Creer es la base de la magia.

Crear es el poder de la acción consciente.

Expandir es la magia de la transformación.

Wayne Dyer decía: «Cuando cambias la forma en que miras

las cosas, las cosas que miras cambian». La fuerza de creer es infinita. Creamos nuestra vida desde ahí, porque solo se manifiesta lo que concibe tu fe (conciencia), por eso decimos la frase de «lo que crees, creas». Es tan sencillo como tener fe en lo que crees, sentirlo profundamente en ti, y, como Neville Goddard añadiría, «sentirlo como si ya fuera cierto», porque el verdadero poder de la creación está en la fe.

Crear lo que se cree es el poder de la acción consciente. Es la manifestación del deseo, es hacer tangible lo que comenzó con un pensamiento, un deseo o ilusión. Creer en la magia para dejarla manifestarse en tu vida. Creer en la magia para expandirla en el mundo.

Esto nos pide la vida en este momento: creer profundamente en ti, en lo que sientes, en tu intuición, en la voz de tu corazón. Por fin. Al fin. Dar voz a eso que sientes, pero a lo que no has hecho caso. Nos pide la valentía para crear desde ese lugar, hacer espacio en tu vida para entregarte al mundo, crear desde tu corazón, con todo lo que eres y lo que has venido a darle. Nos pide el amor suficiente, fuerte y poderoso para expandir magia desde ese lugar, compartiendo, impulsándonos unos a otros, fortaleciendo lazos y conexiones, dándonos nuestro lugar. El mundo nos necesita compartiendo, auténticas y conectadas.

La naturaleza es sabia, y nos inspira con el concepto de *holobionte*, que, en biología, es la interdependencia de los seres. Los seres vivos

no existen aislados, sino que interactúan y dependen de una red de organismos microscópicos que desempeñan un papel crucial en la salud y el bienestar. El concepto de holobionte nos invita a pensar en nuestra conexión, no solo con los seres humanos, sino con todo lo que nos rodea: el planeta, los animales, las plantas y las fuerzas de la naturaleza. Es una red invisible de conexión y sustento.

Suman unos a otros. Unos son porque otros son. Nos invita a la conciencia de unidad. La expansión. La contribución.

La verdadera magia ocurre cuando entendemos que no estamos solos.

Creer. Crear. Expandir. La creatividad al servicio de la magia, la creación al servicio de algo más grande.

Quiero contarte una historia. La historia de Hilma af Klint. Es tan mágica como asombrosa, a ratos triste y a ratos impactante.

Nacida en Suecia en 1862, creó sus primeros cuadros abstractos en 1906, mucho antes que los llamados «pioneros en arte abstracto» como Kandinsky, y existen además indicios de que este pudo conocer su obra antes que nadie (quizá se inspiró en ella y asumió el título de pionero sin serlo). Desde 1906 hasta 1915 culminó una obra estudiada y pactada de nada menos que 193 cuadros denominados *Los cuadros para el templo*. Esos son los hechos. Y ahora quiero contarte de dónde y cómo nació su arte.

Resulta que Hilma se conectó con la magia, sintió su mensaje, su voz, su dirección, y lo plasmó en su pintura cambiando totalmente su estilo. Le inspiraban mucho los libros de Steiner y la antroposofía sobre cómo acceder al mundo espiritual que acompaña al ser humano. Dos años después de comenzar esta colección de pintura espiritual, en 1908, conoció a Steiner. Quizá por sorpresa, impacto o exceso de admiración al ver su arte, tan diferente, este le recomendó a Hilma esperar a publicar su obra veinte años, porque el mundo no estaba preparado para ella. Cuesta creer que una mujer así le hiciera caso a quien la quiso silenciar, pero lo hizo. Mantuvo su obra en la sombra hasta veinte años después de su muerte, aunque finalmente serían cuarenta años los que permanecería escondida y tal vez olvidada. Curioso, porque, a pesar de su recomendación, parece ser que Steiner le mostró ese mismo año 1908 algún folleto de la pintura de Hilma a Kandinsky, y él publicó *De lo espiritual en el arte* en 1911, lo que lo llevó al éxito por su innovación. Simplemente curioso.

Pero ¿cómo era la pintura espiritual de Hilma? Al parecer era canalizada. Creó un encuentro recurrente con un grupo de mujeres llamadas «De Fem», que se conectaban con otros planos espirituales, y, durante esa conexión y esas meditaciones, recibían mensajes y representaciones que ellas pintaban; los colores que creaba según le pedían, la pintura automática, arte canalizado, conexión espiritual con el más allá aterrizado en la Tierra.

Pintora de día, sacerdotisa de noche, que diría mi amiga Pamela.

El arte de Hilma es magia. El simbolismo, la revelación de la esencia humana, la conexión cielo-tierra, la simbología, son magia. Cuando te conectas con ella, es magia.

También es magia la sucesión de acontecimientos. Cuando ella creó esas 193 obras para el templo, dibujó el boceto de su templo canalizado en forma de espiral, de color blanco. Eso nunca pudo verlo, ya que partió de este plano con su elección de no mostrarse ni mostrar su arte al mundo, pero la magia quiso que, cuarenta y dos años después de su fallecimiento, el museo Guggenheim de

Nueva York expusiera su obra, un museo diseñado como una espiral en color blanco, tal como ella canalizó. Magia.

Sirva esta historia para honrar la increíble aportación que Hilma hizo al mundo, para devolverle su lugar como pionera en el arte abstracto, reconocer su mensaje, su método, su magia y agradecerle por su inspiración.

De ella me llevo mucho, y en especial la inspiración para conectarme con mi arte, en este caso la escritura, y otros que estén por llegar, desde lo espiritual, honrando esa parte mágica y sin necesitar que nadie lo vea, lo valide, lo apruebe, porque con que lo haga yo, es suficiente. Ese es uno de los mensajes que Hilma me regala. El otro es recordar que todos somos magia cuando nos conectamos a la magia de la fuente.

Tú eres magia cuando te permites crear desde tu magia, la que ves y la que te guía, pero aún no sabes que existe, que siempre está ahí acompañándote.

Todo comienza en ti, en tu elección para abrirte a la magia que te rodea. Sin ti no hay nada. Tienes un papel muy bonito e importante para contribuir a crear un mundo de magia, amor, esperanza, bondad, paz y creación.

La magia está siempre disponible para ti, solo tienes que abrirte a sentirla a cada instante.

Tú eres magia cuando crees en tu poder para crear
y expandir magia en el mundo.

Estás siendo sostenida.
Todo es magia,
y tú también

Magia en el templo de
Karnak, Egipto, 2024.

SERENDIPIA. MAGIA. SINCRONICIDAD

Cuando te abres a la magia de la vida llegan las señales por todas partes. ¿Te suena?

Hoy al despertar tenía varios mensajes en Instagram, como cada día, de personas de diferentes países de Latinoamérica que me escribís mientras aquí es de noche. Quiero compartir uno de ellos contigo por la temática que refiere. Dice así:

Lau, te escribo desde México.

No sabes la emoción de tener tu libro *Auténtica* en mis manos. En una de las páginas compartes tu experiencia profesional y hablas de tocar almas a un nivel internacional, y no solo el universo te confirma que estás en el camino correcto... Hoy solo te quiero decir «¡gracias!». Un día hace tres años entré a una librería en un aeropuerto y algo me llevó a uno de tus libros, *Autoamor*, y fue así como te conocí. Y con cada página que leía más motivación encontraba para amarme y tomar el coraje suficiente para terminar una relación de ocho años donde me había perdido y en la que vivía violencia psicológica, física, financiera... Y, vaya, es mágico lo que sucede cuando escuchamos a nuestro corazón y dejamos que el universo actúe... Así simplemente: te conocí, te leí, rompí un ciclo y ahora me encuentro en camino de limpiar mi linaje femenino.

No sé si leerás esto, pero, de corazón, gracias infinitas, y le pido al universo que te mande toda la energía bonita que mereces.

Además de impactante, por la realidad que habrá vivido Ximena, es emotivo para mí, porque mi libro le ayudó a romper el círculo, y a tener la valentía de dar el paso para salir de ahí. Resulta mágico que, de la nada, ese libro estuviese ahí, para ella, en un aeropuerto, sin ninguna información, y le diera la fuerza que necesitaba para retomar su poder. Te parecerá extraño, pero el 60 por ciento de los mensajes que recibo me cuentan cómo mis libros les llaman, sin conocerme, sin recomendaciones, y cómo leerlos les ha transformado en algún aspecto de sus vidas. Estamos hablando de que de cada cien personas, sesenta me descubren por «magia», «serendipia», «sincronicidad», incluso a veces me han contado cómo, mirando otros libros en una librería, mi libro se cayó, como diciendo, ¡soy yo! Te podría decir que después de tantos años, tantos libros y tantos mensajes (miles) estoy acostumbrada, pero lo cierto es que me sigue sorprendiendo cómo la magia nos rodea, cómo la vida nos habla todo el tiempo y cómo siempre estamos siendo guiados y no tenemos ni idea.

Para traerte una experiencia más importante que la mía con el mundo de la sincronicidad, en este caso relacionada con los números, le he preguntado a mi amigo y compañero de pódcast Jon Landeta si podía compartir para nosotros su experiencia, porque cada vez que me cuenta su conexión con los números, me parece mágico. Nos dice Jon: «Una de las formas en que conecto con lo fenomenológico es a través de la manifestación de los números. Un ejemplo claro es la observación de las matrículas de los coches con los que me cruzo. Con el tiempo, fui estableciendo una relación directa entre mis pensamientos y los números que aparecían frente a mí. Por ejemplo, tras pensar en una persona en particular, la siguiente matrícula que veía mostraba su fecha de nacimiento. O, en momentos de conexión y presencia, me surgía una pregunta interna y, casi de inmediato, encontraba la respuesta en una secuencia numérica. Experimenté una revelación aún más profunda al descubrir que los ángulos de mi carta astral —los que reflejan aspectos clave de mi vida según signos, planetas y casas— coincidían exactamente con los mismos números que, durante años, había descodificado y observado en mi entorno. La misma estructura

numérica que veía en matrículas, contadores, horarios, asientos de avión, reproducciones de canciones o cualquier otra señal externa se encontraba presente en mi carta natal, mostrando que mi realidad interna y externa estaban intrínsecamente conectadas. Esta experiencia me ha llevado a sentir que no estamos aquí por azar, sino que somos guiados, pensados por una inteligencia ilimitada a la que llamamos Divinidad. Y que, con la atención y sensibilidad necesarias, podemos descubrir que esta inteligencia nos orienta de múltiples maneras, también a través de los números y las matemáticas. Mientras avanzamos en el recorrido de la vida, descubrimos que cada experiencia tiene su lugar dentro de un entramado mayor. Lo que nos sucede no es aleatorio; forma parte de un proceso de integración, de un viaje de regreso a la unidad. Descifrar estas señales numéricas es, en última instancia, un modo de comprender que nuestra existencia no es un cúmulo de coincidencias, sino un camino trazado con precisión, que nos conduce de vuelta a casa».

Ahora entenderás por qué he recurrido a él al escribir sobre esto, y por qué me parece magia cada vez que me cuenta sus experiencias. Si escuchas nuestro pódcast *Amando la vida* ya estarás acostumbrada.

Todo es una bella sincronicidad
para volver
al amor.

Jorge Pellicer

Me parece una forma preciosa de recordar que nada es porque sí, que todo forma parte de un PORQUÉ en forma de destino que nos trae de vuelta a nosotros mismos. Me imagino ese momento de transición al final de esta vida en el que miras atrás y puedes entenderlo todo. Por eso la vida te pide que confíes, porque si todo está mágicamente conectado, formando parte de un algo más grande y divino, solo nos queda vivirlo, experimentarlo, abrir los ojos a lo extraordinario que nos rodea y confiar. Y qué bonito así.

Confiemos entonces en el poder de la serendipia como destino.

La serendipia es ese descubrimiento inesperado que hacemos cuando estábamos buscando otra cosa. Siempre me enamoró esa palabra, tiene magia, y nunca mejor dicho. Gran parte de lo que hoy consideramos indispensable en nuestra vida llegó a nosotros por pura serendipia.

Una de esas serendipias que más me emociona es el descubrimiento de los manuscritos del Mar Muerto, en Qumram, allá por 1947, donde, por una cabra despistada, un pastor de la tribu beduina de Ta'amireh llamado Muhammad adh-Dhib, encontró la entrada a una cueva y halló una vasija con rollos de pergaminos escritos en arameo y hebreo, probablemente escritos por los esenios unos cien años antes de Cristo, que, entre otras informaciones importantes sobre la vida en la comunidad esenia y las claves para diseñar los templos, recogen gran parte de lo que hoy consideramos la Biblia, lo que nos confirma que el texto de hoy es fiel a lo que se escribió hace más de dos mil años. Fueron descubiertos por casualidad y se considera la mayor revolución intelectual y espiritual del siglo XX.

Otros descubrimientos inesperados, fruto de la serendipia, que nos resultan más familiares, son la penicilina, los rayos X, el microondas, el teflón, el plástico, el acero inoxidable o la Coca-Cola, y estoy segura de que ya no podríamos vivir sin ellos.

Sucesos inesperados que te llevan a un lugar mejor que al que ibas, a veces son utilidades, funcionamientos, lugares, descubrimientos, y otras veces son personas. Y todas ellas llegan a ti con un halo de magia, una envoltura de sorpresa, como un regalo para tu vida. Justo lo que necesitabas en ese momento. Justo quien necesitabas en ese momento. Cómo no creer, cuando las experiencias de tu propia vida son las pruebas de la verdad. Gracias a la serendipia, que nos ha regalado tanto. Gracias a la sincronicidad, que nos muestra el camino cuando abrimos los ojos a la magia que nos acompaña todo el tiempo.

Tú eres magia cuando haces de la sincronicidad
y la serendipia la magia de tu vida.

Siempre estás a salvo,
como dos manos que recogen tu vuelo
mientras exploras el camino.
Siempre estas a salvo.
Exploras tus pasos, sostenido por cuerdas de oro
que te guían, te impulsan y te sostienen
cuando estás en amor,
cuando estás en dolor,
cuando la vida se vuelve complicada y no puedes ver el sendero.
Cuando la brújula que guía tu interior pierde el rumbo.
Cuando te caes y no recuerdas cómo levantarte.
O para qué.
Siempre estás a salvo.
Estás siendo guiado.
Estás siendo acompañado.
Y tu corazón,
también.

Lauburu

Símbolo celta. Simboliza las energías que conforman el universo y la lucha de la luz frente a las tinieblas, el sol que ahuyenta el mal.
Conectado a los 4 elementos: tierra, aire, fuego y agua.

¿Y SI TODO TIENE UN SENTIDO?

El sentido de la vida es vivir sintiendo.

Juan Luis Mora

En mi libro *Confía*, te hablaba de «la noche oscura del alma» como ese momento que sentimos como una muerte, en la que sentimos profundamente cómo deja de existir una parte de nosotros. A veces es tan profundo que no sentimos ni el cuerpo, es como si ya no estuviésemos aquí. Esa mutación espiritual es una de las más profundas transiciones que vivimos como seres humanos y ocurre varias veces en la vida. Ojalá fuéramos más conscientes de lo trascendental, profundo e importante que es para nuestra evolución espiritual y poder vivirlo con más amor y autocompasión. Si estás pasando por un momento así, te invito a leer o releer el libro para sentir ese abrazo al alma mientras te recompones (y creces como nunca antes).

Pero también hay experiencias, procesos, personas que aparecen o son parte de nuestra vida que nos llenan de esa oscuridad y dolor profundo, y vivimos esos procesos con dificultad para gestionar nuestras propias emociones, sufrimiento y a veces miedo, lo que nos hace preguntarnos continuamente por qué.

«¿Por qué me está pasando esto?» nos lleva a una respuesta de victimización, que es lícita, ya que estás viviendo algo difícil, retador, y probablemente doloroso. Es parte del proceso de comprensión que te preguntes por qué te está pasando eso, o qué has hecho para tener que pasar por esa experiencia. Eres humano. No lo olvides.

La clave está en no quedarte en esa reflexión demasiado tiempo. En tu proceso debes caminar hacia delante, avanzar en tu mirada, pasar de víctima a aprendiz, de aprendiz a maestro, y para ello puedes cambiar la pregunta a «¿para qué me está pasando esto?». La respuesta a esa pregunta te hace dar un paso hacia atrás, adquirir una mirada más amplia y ver lo que no puedes ver desde tu mirada habitual. Ampliar el foco. En ese «para qué» puedes alcanzar a comprender tu mundo, intentar comprender el mundo del otro, la situación actual y ese algo más grande que envuelve lo que pasa y que normalmente no vemos. Aisladas, nos cuesta comprender muchas de las vivencias que hemos tenido y tendremos. Algunas, de hecho, nunca las podremos entender —ni ahora, ni probablemente nunca—, como las guerras, actos contra la integridad del ser humano u otras de esta índole. Aunque puedo decirte que después de mi experiencia con menores infractores e internos de centro penitenciario puedo comprender (que no respetar ni compartir) mucho más que antes. Pero sí es cierto que, ante determinadas situaciones difíciles de vivir, afrontar o comprender, levantar la mirada, ampliar el foco y conectarte con ese algo más grande que envuelve lo que está pasando, te puede ayudar a comprender más, sufrir menos, tener más recursos disponibles para afrontarlo y sentirte conectado y sostenido en el proceso que vivas, sea cual sea. Es un milagro vivir así la vida, por muy dura que resulte muchas veces. Y por mucho que falten las fuerzas.

A veces sientes que no tienes fuerzas para vivir lo que está pasando. «Ya no puedo más», te dices. Lo puedes sentir en ti. Cansancio, agotamiento, falta de fuerzas... Pero la vida no te va a dar más de lo que puedes soportar, como dice una frase popular que con seguridad te ha llegado más de una vez. Y, si lo piensas, es así. Dejar que la vida, con sus pruebas, te transforme, te enseñe lo que en esta fase de tu vida tienes que aprender y recordar, es un reto y un regalo a la vez. Y las fuerzas nunca se van; descansan y vuelven de nuevo, y a veces con más intensidad que antes.

Y así aprendemos, evolucionamos y nos transformamos a base de pruebas de la vida, en la que tenemos la opción de mirar lo que pasa tal y como es o de ampliar la mirada y comprender que todo lo que está pasando tiene un sentido en tu evolución. El amor, la enfermedad, la muerte, las dificultades, los conflictos, las personas, el dolor.

Vivir con esa mirada es un milagro. Y ese milagro es darte cuenta de que tú eres magia.

No puedes escapar de ti misma.
Todo es magia, y tú también.

Tú eres magia cuando descubres que todo
en tu vida tiene un sentido.

Catedral Santa Maria
del Fiore, Florencia,
septiembre 2024.

LA MAGIA DE LO IMPOSIBLE

Si puedes soñarlo, puedes hacerlo.

Walt Disney

Lo imposible nos persigue, vive con nosotros, se muestra ante nuestros ojos y, aun así, no queremos verlo.

Lo imposible se hace posible para mostrarte que siempre hay un camino. «Dijeron que era imposible, hasta que se hizo». Recuerdo que esta frase me acompañaba en mi carpeta del instituto, junto con fotos de Kurt Cobain y Guardiola, pero esa es otra historia ☺.

Hace unos días estaba viajando por Italia, enamorándome de la vida a través de la belleza, en lo que suelo intentar emplear gran parte de mi vida. En cada parada descubría algo que me hacía ver lo posible en lo imposible gracias a algún «loco», como lo denominarían en su tiempo, que ha resultado un genio en la actualidad. Genio porque se atrevió a cuestionar lo que otros creían como verdad. Loco, por ir en sentido contrario a la sociedad de su tiempo. Gracias a ellos, estamos rodeados de inventos maravillosos, arte, arquitectura inexplicable y lugares sin igual. Te voy a mencionar algunos de esos imposibles por si te inspiran a creer como me inspiraron a mí.

Podemos comenzar por hablar de Venecia, una ciudad que parece imposible que siga existiendo, teniendo en cuenta cómo fue creada: sobre palos de madera en una laguna. Sin embargo, sigue ahí. En el siglo V, huyendo de los bárbaros, sus primeros pobladores se instalaron en un islote en medio de una laguna y algo que iba a ser temporal se convirtió en permanente. A mediados del siglo VI, esa laguna quedó incorporada al Imperio bizantino como parte de la provincia llamada Venetia. Dieciséis siglos después, la ciudad sigue en pie después de haber sido cumbre del arte y la economía en su mejor época; 415 km^2 que se sostienen en palos de madera. Sorprende saber que no solo está construida en una laguna, sino sobre un terreno pantanoso. Los bellos palacios, sus iglesias y los 455 puentes se asientan sobre palos de madera insertados en el barro, bajo el agua, colocados a lo largo de la historia por sus pobladores. Lo más mágico es que este tipo de madera tarda más en pudrirse por estar en el agua, por su dureza y resistencia. Si la sacaran, se partiría. Se ha creado un ecosistema perfecto para sustentar esta preciosa ciudad, aunque el cambio climático amenaza con hundirla en menos de cien años. Sentir ese milagro es sentir también que es posible lo que llaman imposible.

Otro de los imposibles que más me emocionan de Italia es la Cúpula de Brunelleschi, en la iglesia Santa María del Fiore, en mi amada Florencia (estoy segura de que mi alma ya vivió allí). Es un ejemplo de cómo lo imposible vuelve a ser centro de críticas y bromas, como cuando se te ocurre pensar algo que nunca habías pensado, y por las respuestas que recibes te hacen creer que es una tontería para seguir con lo aceptado socialmente y los pensamientos dentro de la caja. Esta historia de la cúpula de Brunelleschi te va a inspirar a seguir creando tu propia forma, confiando en tus ideas y desafiando esa mediocridad que te rodea cada vez que quieras innovar.

Después de veinte años construyendo la catedral, en 1315 se terminó el tambor que soportaría la cúpula de la catedral de Florencia. Medía 13 metros de alto, su diámetro externo era de 54,80 metros y el interno de 45,40 metros. Pero faltaba la cúpula, porque nadie sabía cómo ejecutarla. En 1418 Florencia convocó un concurso para construirla. Tenía que ser algo grandioso que denotara autoridad, con la ambición de situar a la ciudad en el liderazgo artístico de la época. El ganador fue Filippo Brunelleschi, con cuarenta y un años, diecisiete años después de haber perdido otro concurso para realizar las puertas de la misma catedral, con su correspondiente enfado y huida a Roma. Presentó entonces una idea revolucionaria: construir dos cúpulas, una encima de la otra, utilizando un patrón especial de ladrillos en espiga y una cadena de piedra horizontal para reducir la tensión y permitir que el peso se distribuyera de manera uniforme. La cúpula sería autoportante, es decir, capaz de soportar decenas de miles de toneladas sin elementos de sustentación. Su idea innovadora fue tomada como una locura; se rieron de él y la tacharon de imposible. Dicen que tuvo que convencer a los Médici con un huevo: lo ponía de pie y se caía continuamente, así que lo estampó contra la mesa, aplastando la mitad y se quedó perfectamente sostenido en su propia base. La cúpula se terminó en 1436, como una innovación en técnica, diseño y creación —que sorprende aún en nuestros días—, culminando un proyecto que se creía imposible y que sigue haciendo brillar el cielo de la que para mí es la ciudad más bonita del mundo.

Otros muchos casos imposibles podríamos mencionar: el Panteón de Roma, con la cúpula más grande jamás construida en hormigón con un agujero en medio (aún nadie se explica cómo); la Ópera de Sídney, que se consideró un milagro por su diseño y construcción incomparables; o lugares como el templo de Kailasa en Ellora, Angkor

Wat, o muchas de las catedrales más imponentes del mundo como el Duomo de Milán, la de Colonia o la de Sevilla.

Robert Frost decía: «Dos caminos se abrían en un bosque. Elegí el menos transitado, y eso supuso toda la diferencia».

Lo imposible no existe.

Lo imposible solo tarda un poco más.

Lo imposible es posible a los ojos de quien no cree en lo imposible.

Tú eres magia cuando te abres a creer en lo posible dentro de lo imposible.

Por muy difícil que sea este momento, recuerda que mañana serás la persona que alguien de tu familia recordará para inspirarse, por haber hecho eso que nadie se atrevió a hacer: romper patrones, ser libre y creer en tu magia.

Awen (Aüen)

Símbolo celta. Usado por los druidas. Representa la conexión espiritual con la naturaleza, el alma y el universo como un todo equilibrado, consciente y responsable. Simboliza también la inspiración por la verdad con tres pilares: comprensión de la verdad, amor a la verdad y mantenimiento de la verdad.

HÁGASE TU VOLUNTAD

El universo tiene sus propios planes.

En julio de 2024 llegué al aeropuerto de Glastonbury con un pensamiento recurrente: «Hágase tu voluntad». Era una frase que me había acompañado todo el trayecto en avión, sin saber muy bien por qué. Tanto, que intenté escribírmela en el brazo, pero el bolígrafo no pintaba en la piel. Entendí que me lo tenía que grabar en el alma y vivir la experiencia desde ahí. Hágase tu voluntad.

Literalmente me quité de en medio en toda la experiencia que viví después. Dejando a un lado, dentro de lo que me permitía mi humanidad, mis expectativas, necesidad de control y planificación. Desde que me monté en el avión, tuve conciencia de que no sabía por qué ni para qué tenía que vivir esa experiencia. Y mi respuesta fue «hágase tu voluntad», que entendí como «no importa que no sepa para qué; me abro a todo lo que esté por vivir». Y así fue.

Desde esa mirada, todo se hace tan sencillo que impacta. Nada ocurre porque sí, todo es perfecto. Lo que sale, lo que no sale, lo que te gusta y lo que no. Desde esa mirada, la aceptación incondicional a lo que es tu mayor aliada, y te sientes guiado, sostenido, conectado desde esa consciencia de dejarte envolver por los brazos de la vida, del universo, de Dios.

Cuando algo te preocupe mucho, hágase tu voluntad. Cuando

algo tenga el control de tu mente, hágase tu voluntad. Cuando sientas que no puedes intervenir en el camino de algo, o alguien, hágase tu voluntad.

Y confía. Ya sabes lo importante que para mí es esa palabra, tanto que le he dedicado un libro.

No hay nada más poderoso que una persona consciente.

No hay nada más poderoso que un alma consciente.

Vivir tu vida desde esta frase te aligera el peso que te has puesto al creer que tú lo puedes todo, que tú tienes que hacer todo, que tienes que decidir todo. Hay una parte de intervención divina en tu vida, de amor divino en tu amor, de acción divina en tu día a día, y es un regalo poder verlo así y vivir como un alma consciente del poder divino en su experiencia aquí en la Tierra. Sentirte acompañado, aunque estés solo, sentirte guiado, aunque no puedas ver a nadie, sentirte alumno, aunque no puedas ver al maestro. Ligereza, liviandad, dulzura, paz.

Hágase tu voluntad. Como siempre ha sido, aunque no tuvieras consciencia de ello. Como puedes dejar que sea, desde este momento. Confiar. Dejar ser. Dejar hacer. Soltar. Y vivir.

Tú eres magia cuando confías en la voluntad divina.

Para ver lo invisible,
hay que dejar de mirar con los ojos
y mirar con el corazón

Dolmen de Menga en Antequera,
6.000 años de Antigüedad.

Cuando crees en ti mismo
te estás diciendo:
«me amo».

LA MAGIA DE CREER EN TI

Le dijo Ana, la abuela de Jesús, a María: «Has sido elegida para grandes cosas, y las grandes cosas nunca son sencillas». Y también sabemos, como dijo Nietzsche, que cuando tenemos un *por qué* podemos soportar cualquier *cómo*.

En la medida en la que te sientes capacitado para algo, también te sientes capaz de sostener todo lo que venga por el camino. De igual manera, en la medida en la que crees de verdad que algo es posible, tendrás perseverancia en el proceso, capacidad de sortear los obstáculos que se te presenten, y fortaleza para sostener (y soportar) la adversidad.

Quiero invitarte a creer de verdad en ti, como lo hicieron tantas personas que cambiaron el mundo, desde un pequeño movimiento, con la determinación de creer en sí mismas, aún con el mundo en contra. Hay muchas historias que pueden inspirarte, como las de J.K. Rowling y su perseverancia después de once negativas a publicar su obra. Me pregunto qué haría yo si me ocurriera a mí. ¿Y qué harías tú? Con gran probabilidad, no podríamos soportar más allá del tercer *no*. Y nuestro entorno también nos invitaría a dedicarnos a otra cosa. Pero la fuerza de una idea clara, a la que le ha llegado su hora, como decía Victor Hugo, tiene el poder suficiente para empujarte a seguir, mantenerte en la creación, y tener más voz que el entorno, recordándote que sigas tu camino.

«Ahora ya sé mil maneras de no hacer una bombilla», dijo Thomas Edison, y es el aprendizaje que nos regala el camino, los intentos sin éxito o el éxito de intentarlo con otros resultados distintos al deseado, pero que nos llenan de experiencia.

También puede ocurrirnos lo que le pasó a Vincent van Gogh y a muchos otros artistas, que, después de vivir una vida creyendo en su arte e intentando vivir de él, triunfaron *post mortem*. Es bonito y triste a la vez, pero de alguna forma ha conseguido eso que tanto deseó. Escribió: «La normalidad es un camino pavimentado: es cómodo para caminar, pero no crecen flores en él». Y como nosotros queremos un camino de flores, quizá tengamos que salirnos de esa normalidad y saber sostener todo lo que eso conlleva, desde el amor a lo que hacemos, el amor a lo que creemos y el amor a lo que queremos.

Lo difícil de creer en ti es sostenerte en medio de la duda,
cuando la vida parece ponerse en contra
o las opiniones apagan tus ganas.
Confía en tus ganas como motor de cambio.
Cuida tu ilusión para que te ilumine el camino.
Recuerda tu fuerza cuando no la encuentres,
y tu porqué cuando se pierda por el camino.
Y acompáñate a cada paso, con las alas abiertas,
para recordar cuando aparezcan los obstáculos
que puedes
volar.

Aunque no lo creas, estamos viviendo una de las mejores épocas de la historia para poder escucharnos, descubrir quiénes somos, qué queremos ser en nuestras vidas y hacerlo realidad. Nadie dice que sea fácil: a veces lo es y a veces no lo es. Pero recuerda esas palabras tan bonitas de Ana y, si estás llamado a hacer algo grande, es posible que te cueste más: renuncias, decisiones difíciles, movimientos importantes, incomodidad. Sostener todo eso es el camino para abrir el regalo.

La historia de las hermanas Brontë también tiene un mensaje inspirador para mí. La dificultad en esa época multiplicaba por diez la que tenemos ahora; la mujer no tenía derechos de ningún tipo y mucho menos de ser creadora. Sin embargo, entre 1816 y 1820, en una casa parroquial de la sociedad victoriana de Inglaterra, nacieron tres hermanas: Emily, Anne y Charlotte. Vivían en aislamiento, por miedo de sus padres a que se contagiaran en la escuela y murieran, como sus hermanas mayores, así que las educaron en casa. Les permitieron leer todos los libros de la biblioteca, así como periódicos y revistas, siendo educadas con una mentalidad completamente diferente a las demás niñas de su edad: libres y sabias, inquietas y curiosas. Pronto empezaron a escribir a escondidas, siempre usando pseudónimos masculinos. Dos de ellas no sobrevivieron a las enfermedades de la época, por lo que solo quedó Charlotte, que se encargó de dar a conocer al mundo la verdadera identidad de sus hermanas como autoras de grandes obras como *Cumbres Borrascosas* o *La inquilina de Wildfell Hall*, o *Jane Eyre*, en su caso. El objetivo de su padre siempre fue romper las reglas sociales establecidas y con su acción inspiró a cientos de niñas a escribir e imagino que aún lo sigue haciendo.

A mí esto me hace pensar en la importancia del contexto que tenemos para poder creer de verdad en nosotros o todo lo contrario, y de cómo quien viene predeterminado con grandes talentos artísticos, por ejemplo, en un contexto favorable crece exponencialmente y en un contexto desfavorable no se desarrollará, o quedará en manos de que esa persona lo sienta muy fuerte y apueste por él a pesar y por encima de ese contexto.

Creer en ti a veces significa desconectarte del entorno para centrarte en lo que has venido a hacer.

Creer en ti a veces necesita que apagues el ruido de fuera y solo escuches dentro.

Creer en ti a veces te pide que elijas muy bien de quién rodearte para que puedas cumplir tu propósito.

Creer en ti es el camino para hacer lo que has venido a hacer, para ser lo que has venido a ser. Puedes desviarte, puedes perderte, pero nunca olvidar que ese camino siempre te está esperando.

Tú eres magia cuando crees en ti.

Querido Universo:
estoy lista para la magia

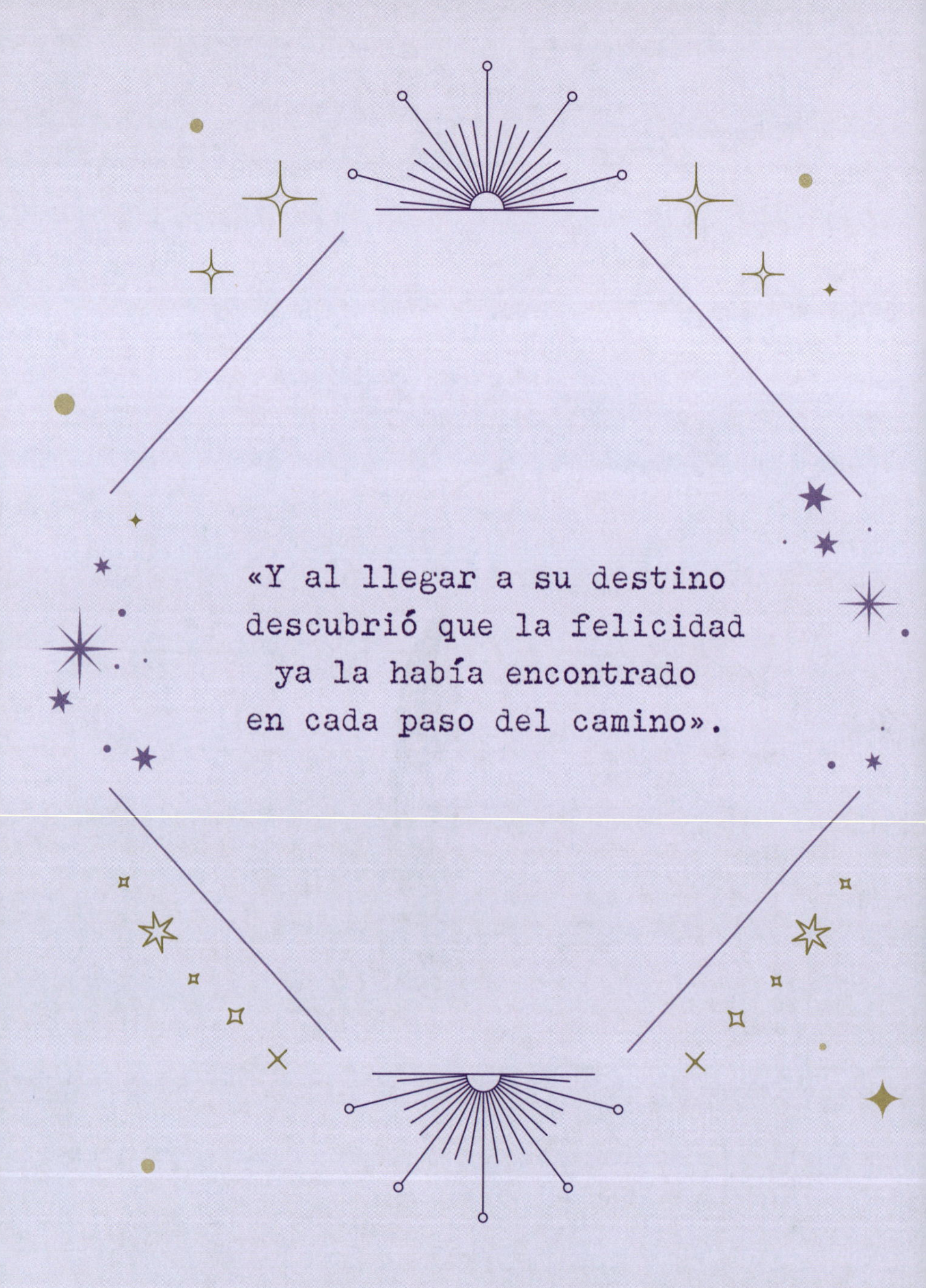
«Y al llegar a su destino
descubrió que la felicidad
ya la había encontrado
en cada paso del camino».

LA MAGIA DEL PROCESO

Tanto perseguir resultados, y la magia está siempre en el proceso. Siempre lo estuvo.

La magia del camino. Ese camino que nos prepara para lo que está por venir, que nos llena de experiencia, conocimiento, aprendizaje y que, en sí mismo, ya es el destino.

Respetando los tiempos de cada paso, los pasos de cada parte del camino hasta llegar al destino, donde descubriremos que no había meta, solo recorrido.

Honrando los tiempos, los aprendizajes, los cimientos que cada paso crea para sostener todas las experiencias que están por llegar. Sin un paso no hay otro. Sin los cimientos firmes, no podemos construir.

El otro día leí sobre los tres periodos de conexión de Moisés en la tierra, que, según la Torá, murió a los ciento veinte años. Los primeros cuarenta años de su vida el propósito era recibir educación, instrucción y conocimiento normativo, que, de alguna forma, le serviría como base para lo que estaba por venir. Los siguientes cuarenta años los pasó conectándose con la naturaleza y la ley cósmica y aplicando todo lo aprendido. Y los últimos cuarenta años los pasó llevando armonía a la humanidad.

También podemos verlo así:

Durante los primeros cuarenta años, Moisés aprendió a ser alguien.

Durante los siguientes cuarenta años, Moisés aprendió a no ser nadie.

Durante los últimos cuarenta años, Moisés aprendió a ayudar a todos.

He amado tanto este proceso de vida, que quería compartírtelo. Además de equilibrado y lleno de sentido, me ha inspirado el amor por la evolución, el respeto por el proceso y el valor de los cimientos que creamos para poder sostener todo lo que está por venir. Y me ha conectado con la verdad de mi camino, salvando las distancias. Mi propio proceso me lleva a las mismas fases, los mismos aprendizajes y el mismo destino. Ha sido muy revelador para mí verlo reflejado en esta sencillez de las tres fases, y me lleva a honrar cada fase de mi camino como necesaria para que lleguen las siguientes. Te invito a hacerlo a ti también. A conectarte con la magia de cada fase de tu proceso, honrando lo aprendido, con todas sus formas, sin juicio, comprendiendo que estabas construyendo los cimientos que iban a permitirte crear tu siguiente versión, con tu siguiente propósito y tu siguiente servicio al mundo. Y qué bonito verlo así, porque comprendemos lo que hemos vivido desde el amor a lo que hemos venido a hacer.

¿En qué fase simbólica dirías que estás en este momento y hacia donde te diriges?

Tú eres magia cuando amas cada parte
del proceso de tu vida honrando cada paso
de tu camino.

Haz las paces con todas
las versiones de ti
que una vez fuiste.

Enamórate de las que
están por llegar.

Magia en el antiguo y verdadero templo de Isis, desaparecido en las aguas del lago Nasser, Egipto.

LA MAGIA DE LA CALMA

La calma es la verdadera fortaleza del ser.
Cuando nos encontramos en paz, no hay
tormenta que pueda tocarnos...

Thích Nhất Hạnh

De media, el ser humano pasa aproximadamente setenta y nueve años en este plano, 28.854 días o 692.496 horas. Si lo piensas ahora, estés en la edad que estés, ¿cuántos de esos días recuerdas? Yo contestaría que muchos, pero pocos. Y nuestra vida la recordamos en *momentos* como concepto de tiempo. Momentos en los que, por alguna emoción, hemos activado la atención, y realmente hemos vivido con plena consciencia, algo que habitualmente no ocurre. Por el impacto emocional inherente, son los momentos críticos los que más se nos quedan grabados, por lo que hay que hacer un esfuerzo extra por compensar o equilibrar esas memorias con momentos bonitos vividos, con tres llaves:

- Estando en el presente.
- Activando la atención plena.
- Viviéndolos con gratitud y amor.

Y también necesitamos poner en valor la calma. Permitirnos bajar las revoluciones con las que vivimos cada experiencia, reducir la exigencia de llegar a todo todo el tiempo. Sencillamente porque es imposible estar en todo todo el tiempo, con toda la energía invertida. ¡Somos humanos! Lo escribo aquí porque parece que se nos olvida. La calma nos permite estar más centrados para tomar decisiones más efectivas, reducir el estrés y estar más felices. La calma nos permite percibir con más intensidad y profundidad la vida que vivimos; sentir, mirar, escuchar, observar, sorprendernos, admirar.

La calma es el cristal para ver la vida con claridad.

Cuando vas conduciendo, ¿puedes ver lo mismo a 10 km/h que a 100 km/h? Por supuesto que no. La vida la vivimos igual; no puedes ver, sentir, experimentar lo mismo cuando vas a 1.000 revoluciones por segundo que cuando vas a 10. Y, sí, hay situaciones en el día a día que requieren de nosotros activarnos a 1.000, pero ¿y el resto del tiempo? El resto del tiempo es un trauma. Déjame aclararte esto; al acostumbrar a nuestro sistema nervioso a vivir en ese nivel de exigencia y activación casi todo el tiempo, lo hemos normalizado tanto que ya hemos interiorizado que está bien, que es normal. Pero no: no está bien y no es normal. Nos cuesta descansar, no sabemos parar esas revoluciones, nos cuesta dormir y nos cuesta relajar el sistema nervioso. Tenemos que acudir a la medicación para calmarlo porque no sabemos. Siempre hago la broma de «¿meditación o medicación?», porque la meditación nos ayuda a la calma y a la relajación y probablemente no necesitemos medicación si aprendemos a usarla.

Ese trauma en nuestro sistema nervioso que hemos normalizado se ha quedado grabado con ese nivel de activación tóxico para nuestro cuerpo físico. Por eso, cuando nos preguntamos por qué enfermamos, quizá también tendríamos que preguntarnos qué nos quiere decir esa enfermedad, qué información nos está regalando y qué hábitos, ritmo de vida, pensamientos, emociones, nos acompañan cada día y quizá no deberían. Recuerda que somos un todo, no hay partes.

Estamos en salud cuando nuestro sistema nervioso simpático y parasimpático están en equilibrio, y no es tan habitual como piensas. La función del sistema parasimpático es conservar y restaurar la energía del cuerpo, promoviendo un estado de calma y descanso; y la del sistema simpático es activarse para responder a estímulos. La realidad es que vivimos más conectados al sistema nervioso simpático, al vivir en continua exigencia y sobreestimulación, en ese «nunca es suficiente» o «no me da la vida», y como consecuencia nos cuesta crear esa calma y desconexión en nuestro cuerpo cada vez más. Y eso nos puede llevar a la enfermedad.

Por eso necesitamos poner en valor la calma en nuestra vida. Estamos aquí para generarnos calma, para crear una vida de paz, presencia, conexión, amor.

Según la teoría polivagal de Stephen Porges, nuestro sistema nervioso autónomo (que regula funciones automáticas como el ritmo cardiaco o la respiración) responde a la seguridad o al peligro moldeando nuestras emociones, comportamientos y capacidad de conexión con los demás. Este neurocientífico descubre que la conexión es la base de la salud, ya que solo nos sentimos realmente seguros cuando podemos vincularnos con otros desde el sistema ventral (el llamado nervio vago, que conecta el cerebro con órganos clave como el corazón, los intestinos o los pulmones), descubre que el cuerpo responde antes que la mente, ya que muchas reacciones son automáticas, y descubre que podemos entrenar nuestra regulación, a través del cuerpo, la respiración, el tono de voz, el contacto seguro, activando el sistema de conexión (ventral) y saliendo del estrés. Una frase que resonó mucho en mi fue «La seguridad no es solo la ausencia de peligro, sino la presencia de conexión». Conectar nos calma. Conectar nos hace sentir seguras.

Respirar, pero de verdad. Conectarnos con el poder de la respiración para sanar nuestro cuerpo. Tres respiraciones profundas, allí donde estés, son capaces de restaurar tu nivel de activación y ayudarte a volver al equilibrio. Caminar descalzo, si puedes por la naturaleza; dormir bien; escuchar música que te inspire (o la frecuencia 432 Hz), conectarte con el sol unos minutos... Son acciones que te pueden ayudar a recuperar esa calma. Llegar a experimentar esa seguridad que te lleve a relajar y calmar tu sistema nervioso y tu cuerpo físico, disminuyendo los síntomas de vivir en alerta continua. Con la mente, romper poco a poco esos patrones que has instaurado con los horarios, con los tiempos, con las exigencias, con las actividades. Transformar las creencias de que ser útil es producir todo el tiempo, de que tienes que hacer para merecer. Cambiarlas por afirmaciones como «soy merecedor de todo lo bueno de la vida simplemente por existir». Aunque suene vacío, es un mensaje lleno de aprendizaje para ti. Darle valor a la calma en tu vida te va a llenar de Vida, en mayúsculas, y te va a ir alejando de esa vida llena de momentos rápidos que tienen más que ver con sobrevivir que con vivir de verdad. Y ya es tiempo de vivir de verdad.

Tú eres magia cuando vives desde la calma.

Eres el amor mismo.
Tu corazón, la luz que emana, es luz para este mundo.
No dejes que tu mente la esconda.
No te apresures a creer las cosas que tu mente te presenta.
Quédate en el lugar de la quietud
y, poco a poco, las cosas se volverán más claras para ti.
Tu vida se convertirá en un baile de espontaneidad, de
percepción intuitiva y elegante, y con gracia también.
Hay un lugar para algo de ira, sí, y un poco de tristeza.
Algo de frustración... Son nubes pasando.
Pero recuerda que eres el amor mismo.

Mooji

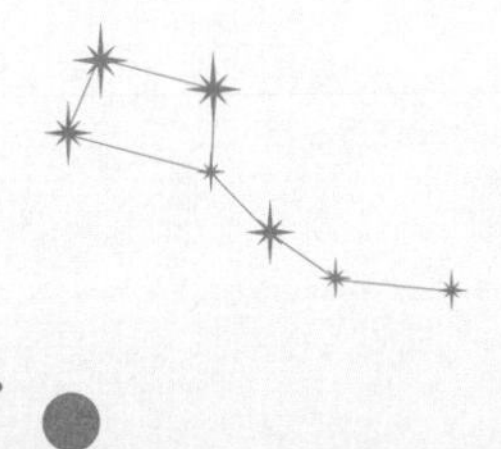

Espiral

Símbolo celta. Representa la vida eterna. No posee ni comienzo ni final, sino que cambia y evoluciona permanentemente.
Cambio, transformación y desarrollo.
Metáfora del laberinto como espacio para perderse y encontrarse.

LA MAGIA DE LA TRANSFORMACIÓN

Llega un momento en que es necesario abandonar las ropas usadas que ya tienen la forma de nuestro cuerpo y olvidar los caminos que nos llevan siempre a los mismos lugares. Es el momento de la travesía. Y, si no osamos a emprenderla, nos habremos quedado para siempre al margen de nosotros mismos.

Fernando Pessoa

Amar la transformación es amarnos a nosotros mismos. Honrar nuestro camino, nuestra ropa usada, el traje que nos pusimos para poder llegar hasta aquí, y soltar, dejando espacio para un nuevo amanecer, un nuevo comienzo, un nuevo tú. Amar la transformación es amarte a ti, porque es permitirte soltar para cambiar, caminar por un camino desconocido que te llevará a nuevos lugares, con nuevos aprendizajes, y crear el espacio para descubrir partes de ti que nunca viste. De pronto llegas más lejos de lo que creías, descubres en ti mayor fortaleza de la que veías, y un mundo de magia se abre a cada paso de tu nueva versión.

Vivir la transformación es como nacer más veces en la misma vida, volver a nacer, volver a crear, volver a aprender, recordándote con cada cosa que no sabes que estás vivo, que puedes aprender, que cada nuevo comienzo es la vida manifestándose para ti. Nada que perder, mucho que ganar. Cuando sientas miedo, recuerda que toda historia de éxito está llena de transformaciones como las de las mariposas: rompiendo, desde dentro, la estructura que las envuelve para volver a nacer, como tú has hecho tantas veces, y seguirás haciendo.

Pero yo ya no soy yo,
ni mi casa es ya mi casa.

Federico García Lorca

Muchas veces en la misma vida, la vida nos invita a los cambios y las transformaciones porque son parte de ti. Tienes el permiso para abandonar la vida que habías planeado, porque la persona que lo diseñó también ha evolucionado. Las cosas cambian a cada instante, las personas también siguen sus caminos y a veces ya no se cruzan con el tuyo. Liberarte de lo que un día soñaste, te llevará a nuevos sueños, creados por la persona que eres hoy. Confía.

La magia de la trasformación te invitará a ver lo que no ves, a llegar donde nunca te atreviste a pensar y a hacer más de lo que estabas preparado para hacer. La magia de la transformación es la vida mostrándote nuevos caminos para mantenerte vivo.

Esas nuevas posibilidades que se abren ante ti son el camino desconocido que te llevará a la nueva versión de ti, donde ocurre la magia, donde todo te estaba esperando. El miedo solo hará retrasar algo que es para ti, que siempre lo fue. Confía.

Ábrete a todo lo que hay en ti.
Confía en esas partes de ti que aún no conoces.
Deja ir lo que ya no sientes parte de ti, de esta versión actual de ti.
Confía.
Cree en el proceso mágico de la transformación.
Expándete sin miedo.
Estás lista para este momento.
Cree, crea, ábrete a todo lo que este proceso tiene para ti.

La vida es un proceso de transformación continua, y al final, todo lo que hemos hecho se convierte en parte de nuestra evolución.

Carl Jung

Tú eres magia cuando te abres a la transformación una y otra vez.

Te has convertido en
la persona que hubiera
cuidado de ti cuando
eras pequeña.
Eso es autoamor.

LA MAGIA DEL AUTOAMOR

Siente todo ese amor que das a los demás...
Ahora haz eso mismo contigo.

En el año 2020 escribí el libro del *Autoamor*, que para mí es la biblia de mi existencia y con esa conciencia fue creado. Desde entonces mi vida se acerca más a la magia, me siento más cerca de mí misma y he aprendido a relacionarme con las personas y con el mundo desde el amor a mí. Ya Jesús dijo «ama al prójimo como a ti mismo», pero esa segunda parte fue anulada por el tiempo y los intereses, porque sabemos que desde el amor a nosotros mismos somos menos manipulables y más libres, y eso verdaderamente no interesa ni a la Iglesia ni a la sociedad, especialmente a los que nos dirigen. Nos quieren pequeños, descentrados y dormidos, porque ahí es donde somos obedientes y manipulables. Yo quiero invitarte a que tu poder siempre esté en ti y el autoamor te ayuda a que nunca te pierdas de tu centro. Si no has leído el libro te invito a hacerlo, y si ya lo has leído, a leerlo otra vez y cada vez que necesites reencontrarte y equilibrarte.

El autoamor es ese halo que te envuelve y te dirige a tu propio centro, te regala tu propio encuentro, llenándote de cariño, respeto, autocuidado, validación, y te ayuda a no perder tu camino cuando te enfrentas al mundo. Es el equilibrio perfecto para una vida difícil, complicada, que se vuelve reto cada vez que lo que pasa te aleja de ti. Volver al autoamor es volver a ti.

El amor es nuestra verdadera naturaleza, pero hemos olvidado cómo amarnos profundamente a nosotros mismos.

Ram Dass

La magia del autoamor es que te presenta por primera vez a esa persona que siempre estuvo ahí, contigo, y te invita al respeto, al autocuidado, a la escucha, al amor, a la comprensión y la compasión. Ese autoamor le dice *basta* al juicio constante, al olvido de ti mismo, a la falta de cuidado, al poco respeto y escucha. Ese autoamor te invita a mirar con ternura y compasión tu propia historia, comprendiendo tu propio proceso y a no juzgar el ayer con los ojos de hoy. Te invita a perdonarte a ti mismo, derribar los muros que has construido contra ti por cada expectativa no alcanzada y cada conflicto no resuelto. Te invita a ponerte en primer lugar para poder después con todo y con todos, porque a lo largo de este tiempo has aprendido que sin ti no hay nada.

El autoamor es la llave de la puerta que te lleva a ti mismo, el eje que sostiene tu bienestar, tu felicidad, tu equilibrio y la respuesta a la pregunta de cómo puedes vivir una vida más feliz y llena de ti. El autoamor, sin duda, es magia.

Eres incondicional.
Siempre estarás contigo.

Ahora necesitas creerlo.
Y mirarte desde ahí.

He pasado de perderme en los demás a relacionarme con los demás desde el amor a mí, de vivir con amor condicional a descubrir por primera vez el amor incondicional conmigo. He aprendido a escucharme y a crear espacios para estar a solas conmigo misma, poder repararme energéticamente y volver a mi equilibrio. He aprendido lo que es el respeto cuando he comenzado a respetarme a mí. He vivido una depresión, sin soltarme de la mano, atravesando la más completa oscuridad sintiendo que yo estaba conmigo. He descubierto lo que puedo denominar «el amor más puro del mundo, el amor incondicional», que me ha salvado de tantas relaciones recordándome cuál es mi lugar que ya he perdido la cuenta. El autoamor es un *Y*, no es una *O*, por tanto, incluye, no excluye; no es «te amo a ti o me amo a mí», sino una *Y* que recuerda incluirte a ti mismo en la ecuación del amor en todas las circunstancias. Te amo y me amo. Me amo mientras te amo. Amar amándome.

Y, cuando sea necesario, recordar ese *me amo* como hogar al que volver.

Siempre estaré ahí cuando me necesite.

El autoamor es un camino, y algunos de los pasos podrían ser estos:

- Me cuesta mirarme con amor → aprendo a mirarme como el milagro que soy.

- ✧ Me cuesta aceptar lo que veo → siento que soy perfecto como soy y desde esa aceptación cambia completamente mi mirada.
- ✧ Me cuesta sentirme feliz conmigo → el autoamor es un camino y en cada paso de ese encuentro conmigo seré un poquito más feliz.
- ✧ Me cuesta creer en mí y en lo que quiero → comprendo que creer en mí es permitirme creer en mi grandeza, darme mi lugar y apostar por lo que quiero.
- ✧ Tiendo a juzgarme continuamente → cada vez que me juzgo me recuerdo que es comparativo y desde el ego, y recuerdo irme al corazón. En el corazón no caben los juicios, solo el amor. Lo acepto y sigo.
- ✧ En mis relaciones tiendo a infravalorarme o no respetar mi espacio → aprendo que los sanos límites son parte inherente al autoamor y a mi libertad.
- ✧ No siento que respeto lo que necesito → comienzo por respetarme yo, y darme lo que necesito, y con ello el respeto vendrá también de mi entorno.

Y así, paso a paso, experiencia a experiencia, en nuestra vida vamos construyendo un mundo de confianza, valoración, respeto y autoamor que nunca termina, pero que siempre nos mantiene caminando.

¿Qué experiencia te resuena a ti, en tu propia historia, que te haya llevado por el camino de autoamor? Sí, suelen ser quizá las más críticas o duras, las que más nos enseñan de ese autoamor. Rupturas, finales, decepciones... son las que más aprendizaje nos regalan. Pero también rodearnos de personas maravillosas que nos recuerden amarnos bien, cuidarnos, respetarnos y creer en nosotras mismas de forma incondicional. ¿Quiénes son esas personas para ti?

Eleva tu conciencia, eleva tu energía, y ámate más y mejor. Ese día ya lo tendrás todo.

Mi único camino de crecimiento y evolución:
(me) amo
(me) acepto
y (me) supero.

Aprende a ser ese espacio seguro para ti misma.

Tú eres magia cuando aprendes a amarte
y vivir desde ese autoamor.

Me acepto,
me amo,
me respeto.

Árbol de la vida

Símbolo Celta (Crann Bethadh). Representa los hilos invisibles que conectan todos los elementos del mundo. Las raíces descienden hacia el inframundo (el mundo de los muertos) y conectan con los antepasados. El tronco representa el plano terrenal donde vivimos (aquí y ahora). Las ramas se elevan hacia el plano divino y espiritual.

LA MAGIA DE DARTE CUENTA DE QUE LA VIDA TERMINA

El día que nacemos comenzamos a morir.

Tengo la capacidad de relativizar todo lo que pasa en mi vida. El secreto es recordar que cuando menos lo espere, todo acaba. En los mayores agobios, en las preocupaciones y cuando algo me afecta demasiado, traigo esa certeza a mi mente y se me hace todo más liviano. «Estamos de paso» es una frase que me acompaña porque me ayuda a gestionar mejor sea lo que sea que esté pasando en mi vida. Hay magia en incluir esa certeza en nuestra vida y dejar que el fin nos recuerde el principio, y que la *impermanencia* —bello concepto budista— nos recuerde que no somos tan importantes y que no somos para siempre.

Desde esa mirada, todo cambia. Lo pesado se vuelve ligero y lo que hoy nos quita el sueño pierde densidad, como si levantásemos la mirada focalizada en eso que nos preocupa y pudiésemos ver más allá. La mirada del águila: una mirada que te recomiendo entrenar, en la que amplias el foco y pasas al todo. Una mirada que te llena de objetividad y distancia para poder ver. Cuando amplías el foco, como si de una cámara se tratase, puedes ver más de lo que veías. Y eso, ineludiblemente, te ayuda a tomar decisiones, relativizar y actuar.

El cuerpo viene a morir y el alma viene a aprender.

Cuando te das cuenta de que la vida termina, se produce la magia de la acción: aceleras lo que tanto posponías y te mueves hacia tus objetivos con más determinación. Hace poco, al fallecer una amiga de una forma repentina y brusca, se me han acelerado los planes de vivir que tenía para este año y lo quiero hacer todo ya: viajes, visitas, creaciones, disfrutar... Sobre todo, disfrutar y vivir. Siento que es lo que más nos regala esta certeza: la magia de darnos cuenta de que estamos aquí para disfrutar, pero nos complicamos mucho. Vivimos atados a las responsabilidades que nos imponen la familia, los roles, nuestro género, la sociedad, la profesión, los vínculos que elegimos y los contratos que firmamos. Una vida entera sometida al deber, y muchas personas en la historia se han ido a la tumba sin saber lo que es disfrutar, y mucho menos vivir. Un día decidí que no quería que me pasara eso, y entonces tomé decisiones. Muchas ya te las he contado en mis libros, pero básicamente todo se resume en cuestionar cómo vivía, las prioridades que tenía y las lealtades familiares, sociales y culturales que guiaban mi vida sin yo saberlo. Ojalá pudiera decirte que ahora soy libre, pero no creo que haya mucha gente libre del todo, aunque sí me siento más liberada, más conectada a mí, a mi forma elegida de vivir, con mis prioridades y escuchando a mi alma para crear mi camino a mi manera, como cantaba Sinatra. La magia de saber que la vida se acaba nos lleva a reconectarnos con ella ahora, escucharla, escucharte, y cambiar lo que necesitas para que esta resuene más contigo, y con tu alma.

Recordar que la vida es un regalo que se nos ha dado por un tiempo limitado y que cada día puedes elegir qué hacer con ello, es otra de las reflexiones que tengo presente cada día. «Venimos, vivimos y nos vamos, no hay más», escribí hace más de diez años. Pero en realidad sí hay más: el tiempo que nos quedamos, las relaciones que establecemos, el amor que dejamos, las cosas y proyectos que creamos y el legado que dejamos al irnos de esta breve estancia que es la vida. Cada mañana que abrimos los ojos es una nueva oportunidad que se nos está dando para hacerlo diferente. Hubo un tiempo no hace mucho en el que cada mañana, al abrir los ojos, suspiraba con la frase de «un día más aquí», con entonación de resignación, porque no quería estar. Me costaba despertar, levantarme y encontrar las razones suficientes para comenzar el día (y muchas veces la razón eran mensajes que vosotros, mis lectores, me mandabais y yo recibía al despertar; por ello, gracias). En este momento de mi vida lo siento diferente: cuando abro los ojos siento expectación, me viene la pregunta de «¿qué tendrá para mí el día de hoy?», y me siento agradecida y conectada con la vida. Las dos versiones soy yo, lo que cambia es mi conexión con la vida y la muerte. A veces vivimos mirando hacia adelante, a la vida, y otras veces mirando atrás, a la muerte. Como si de una línea continua se tratara, o como si estuvieras caminando por un hilo cual acróbata de circo. ¿Hacia dónde miras en este momento? Te comparto en presente tres pensamientos que me ayudaron a mirar hacia la vida:

- Recordar cada día que estamos de paso, por lo que, nos guste o no, nuestra vida no es eterna; de hecho, es todo lo contrario, pero eso lo ves cuando miras hacia la vida.
- Vivir como un regalo cada experiencia que la vida me brinda,

porque todo está creado para nuestro crecimiento y expansión, y ese proceso muchas veces duele.

- Recordar cada día las cosas bonitas de la vida que me emocionan, e intentar tenerlas más presentes, hacerlas más o verlas más. Me pasó con el mar, los atardeceres, las flores; solo buscaba belleza para sanarme.

Además de esto, te recomiendo respirar consciente y profundo cada vez que sientas que te ahoga la vida, agradecer conscientemente lo que sí está en tu vida, las personas que te apoyan y lo que funciona cada día (lo más básico). Llegará un momento en el que agradezcas también lo que no tienes y lo que no pasó, pero eso está en el siguiente nivel. Puedes salir a pasear, conectarte con un atardecer o regalarte un precioso libro, crear momentos de autoamor para ti o hacer la actividad física que más te guste. Sin olvidarnos de los animales, que, aunque yo no tengo por mis circunstancias, también nos anclan a la vida. Y las personas queridas: ellos no lo saben, pero a mí me anclaron mis padres a la vida; mi amor, pensar en su sufrimiento si yo no estuviera, me dio fuerzas para estar aquí. Siento que me dieron la vida dos veces.

Tú eres magia cuando vives desde la certeza de que tu tiempo es limitado y disfrutas la vida.

No quiero solo
haber visitado este mundo,
quiero llenar mi vida
de magia.

«LA MAGIA ES EL ARTE DE RELACIONARTE CON LO INVISIBLE PARA TRASFORMAR LO VISIBLE»

La magia es real.

La neurociencia nos dice que nuestro cerebro no representa la realidad tal como es, sino una versión reducida, útil y simplificada para la supervivencia. El científico Donald Hoffman sostiene que lo que percibimos no es la realidad objetiva, sino una interfaz funcional, como si fuera el escritorio de un ordenador. ¿Qué significa esto espiritualmente?

Que hay muchísimo más allá de lo que vemos y oímos.

Que la intuición, la meditación, el arte y la espiritualidad son vías para ampliar los canales de percepción.

Que el alma ya «sabe» o «recuerda» lo que los sentidos físicos no alcanzan a ver, sentir, percibir.

Que la mayoría de las vibraciones sonoras nos pasan completamente desapercibidas.

Y que el 99,9999 por ciento de la luz que existe en la realidad que nos rodea no la vemos.

Los seres humanos solo vemos la luz entre 430 y 790 THz, y oímos los sonidos entre 20 Hz y 20 kHz. Esta es solo una pequeña fracción del espectro completo de la existencia.

Siempre hay más de lo que vemos, oímos, percibimos.

Confía en lo que sientes.

LA MAGIA DE HACER LO QUE AMAS (CUANDO SEA POSIBLE)

Cuando haces lo que amas, no hay miedo.

Brené Brown

Ojalá pudiéramos hacer lo que amamos todos nosotros y todo el tiempo. Suena precioso, pero no siempre es así. Sin embargo, eso no tiene que eludirnos del objetivo de poder conseguirlo en la medida que podamos, e intentarlo sin desistir, aunque nos cueste mucho tiempo. Cuando vemos a una persona hacer lo que ama, rápidamente pensamos dos cosas: la suerte que tiene y que lo ha tenido fácil para conseguirlo. Y nada más lejos de la realidad. A veces puede ser cierto que le haya sido fácil llegar a ese lugar, pero la mayoría de las veces las personas damos muchas (muchísimas) vueltas hasta descubrir eso que amamos y poder dedicarnos a ello. Diría que podemos tardar lo mismo en una fase y en la otra.

Por mucho que la vida nos lleve por otros caminos, es importante no olvidar qué es eso que amamos y lo que queremos hacer. Hoy, mientras estaba en el sofá escribiendo este libro, tomé conciencia de la diferencia entre el momento en el que escribí mi primer libro hace once años, y ahora. En ese momento trabajaba muchísimo y estaba recién divorciada con una niña de cuatro años durante seis días a la semana. Recuerdo poner el despertador a las cinco de la mañana para poder escribir el texto que estaba esperando una editorial sin saber si era lo que esperaban o si les iba a gustar mi estilo como escritora, que yo tampoco conocía, por cierto, porque nunca había escrito. Aprovechaba esas horas matutinas para avanzar hasta que la despertaba, pero había algunos días que se levantaba conmigo y no podía cumplir con mi plan. Durante el día trabajaba mucho (tenía dos o tres trabajos) y era mami a tiempo completo, porque no tenía ayuda, así que se hacía bastante complicado. Pero lo conseguí. Mi compromiso conmigo y con lo que quería hacer, y mi *para qué*, me ayudaron a superar esas y otras dificultades. Hoy te escribo en casa, tranquila, con una vela, música de Ludovico de fondo y sola, y puedo dedicar días completos a este bello arte de crear. Mi vida ha cambiado bastante desde entonces, pero, además de sentirme agradecida, siento que esto primero fue un sueño y lo he materializado gracias a haber creído en mí, en lo que quería y algo que no te suelen contar: la importancia de creer que es posible y que lo mereces. Si crees que algo es posible, encuentras la manera; si crees que lo mereces, permitirás que llegue a ti. No se trata solo de creer en ti, sino de estar preparado para recibirlo cuando llega.

Ahora todo me llega de manera fácil, y esto es un resultado de manifestación y consecuencia de un camino previo. No siempre son fáciles los comienzos, y tendemos a desistir ante el primer o segundo obstáculo, pero hay algo cierto que quiero recordarte: cuando nos hacemos el regalo de dedicarnos a eso que amamos, la vida se vuelve mágica. Nada me hace más feliz que los días que, como hoy, puedo estar en casa creando, escribiendo, a solas conmigo, compartiendo contigo mi mundo. En esos momentos en los que hacemos lo que amamos

la vida se expande,
tú te expandes,
se crea la magia,
todo se hace fácil,
sientes que estás donde tienes que estar,
te sientes en tu elemento,
se abre un mundo de recursos infinitos,
aparecen nuevas conexiones, personas y posibilidades,
la vida es más bonita.

Por si tienes dudas:

Recuerda que en el Universo no hay errores; si estás aquí es porque has venido a hacer algo, a crear algo, a ser tu mejor versión.

Si es posible, haz lo que amas. Si aún no es posible, mantente en el camino, sigue aprendiendo, mantén tu motivación y tu conexión, conoce a personas que puedan ayudarte y sigue creyendo en ti y en que eso que amas es posible. Todo tiene su tiempo, y los tiempos de Dios, de la Vida, del Universo, son siempre perfectos.

Tú eres magia cuando te permites hacer lo que amas
y no desistes si tardas en conseguirlo.

Vesica Piscis en Chalice Well,
en las tierras mágicas de Avalon.

LA MAGIA DE SER AUTÉNTICA

Somos todos esclavos de nuestro personaje,
creado primeramente por la familia,
segundo por la sociedad y tercero por la cultura.

El camino de la transformación es liberarse
de la esclavitud.

Detrás de mil máscaras soy auténtico.

Alejandro Jodorowsky

Después de escribir mi libro *Auténtica*, mi mundo se revolucionó un poquito más. Integré en mi filosofía de vida ese concepto con todo lo que implica. Y el resultado fue que me encontré más conmigo misma. Mi editora definió ese libro como «liberador», y así es como lo siento ahora. Porque la autenticidad te libera de todo lo que no eres tú, incluyendo vínculos, imagen social, autoconcepto, entornos, proyectos, contratos y verdades. Es un proceso de (dura) desnudez para encontrar el mayor tesoro en ti, que siempre te estuvo esperando. Ser auténtico en un mundo de apariencia cuesta mucho, pero el tesoro es tan grande que la dureza de la travesía merece la pena. Por ello Nietzsche decía: «Te sentirás solo a menudo y, a veces, asustado. Pero ningún precio es demasiado alto para pagar el privilegio de ser dueño de ti mismo». Y yo quiero ser dueña de mí misma, e intuyo que tú también.

La magia de la autenticidad está en vivir desde quien de verdad eres, por primera vez, sintiendo fuerte en ti que eres fiel a ti misma, leal a tus valores, respetando tu mirada, escuchando tu sentir. La autenticidad es destino y camino, ya que una vez que la descubres quieres vivir desde ahí y hacia allí.

Ama quien eres.

El plan de tu alma es trascender lo aprendido, lo heredado y pactado, para ser auténtica. La vida no te lo pondrá fácil; es parte del plan. Será necesario que te conectes contigo, con tu valor, tu fortaleza y tu propósito para afrontar, sostener y sostenerte en un camino lleno de retos, condiciones, lealtades y patrones aprendidos que te invitaran una y otra vez a abandonar el camino para volver a ese lugar conocido de lo que siempre ha sido, para tener *paz*. Pero esa *paz* no está alineada con tu alma, porque es una paz aparente que sentimos cuando vibramos en la mediocridad del que dice *sí* porque no sabe decir *no*, para no molestar. Y no; ya no estamos disponibles para eso. Es el momento de crear esa Paz que está alineada con nuestra verdad: la Paz de sentir que, por primera vez, estás siendo tú misma en medio de este caos llamado vida. De aprender a decir *no* cuando es *no*, y de atreverte a salir de esa zona cómoda en la que no puedes ser tú, para hacer espacio en tu vida a tu verdad.

El deseo de ser auténtica aparece en la adversidad, como cuando una ola te arrastra y usas todas tus fuerzas para intentar salir de la corriente; así se activa ese deseo en algunos momentos críticos de nuestra vida. Como si sintieras que la vida te ha fallado y necesitaras volver a casa para refugiarte; y la casa eres tú misma, siendo auténtica. *Coco Chanel* decía que los tiempos difíciles despiertan un deseo instintivo de autenticidad. Esa es la magia de la autenticidad, que te recuerda el camino a casa cuando eliges recorrerlo.

> Se nace dos veces.
> Una, por manos ajenas, la otra, por decisión propia.
> Una, acompañada por dolores de parto, la otra,
> bendecida por dolores de creatividad.
> Una es un hecho único, la otra se prolonga todos
> los días de la vida.
> Una es un acontecimiento de la naturaleza, la otra,
> un nacimiento espiritual.
> El primer nacimiento: es la salida del cuerpo materno
> hacia el mundo exterior.
> El segundo nacimiento: es el ingreso a la propia esencia.
>
> Harab Elimelj Bar Shaúl

La magia de ser auténtica te lleva a ti. Te aleja de todo lo que no eres tú, de lo que ya no resuena contigo y con tu alma, y eso lleva su tiempo. Elegir el camino de la autenticidad es un buen comienzo para vivir desde ahí, con autoamor, conectada a tu propósito y abriéndote a la escucha interior para descubrir tu propio camino.

Tú eres magia cuando te permites ser auténtica.

Metatrón

Geometría sagrada. Es un portal hacia las leyes fundamentales del universo, un patrón de creación e inspiración. Contiene todas las figuras geométricas de la creación y representa los patrones que componen todo lo que se ha creado. Facilita la conexión con energías superiores y promueve la transformación espiritual.

LA MAGIA DE LA PRESENCIA

> Si pudieras ver que el ahora es lo único que existe, tu corazón estaría lleno de paz y gratitud.
>
> Eckhart Tolle

En la presencia es donde eres, es donde la vida ocurre, donde las cosas pasan, donde la magia puede ser.

Cuando caminas, escuchas un pódcast o audios del móvil y no sabes lo que has visto. Cuando te duchas, piensas en soluciones a los problemas y no sientes cómo el agua limpia tu cuerpo. Cuando comes, piensas en todo lo que tienes que hacer y no sientes el sabor de los alimentos, y en dos horas apenas recuerdas lo que has comido. Cuando te abrazan, piensas en lo que está por venir y no sientes el alma del otro unida a la tuya.

Así vivimos. Estando sin estar, sin permitirnos sentir. Nuestra mente viaja constantemente a todos los tiempos, excepto el que habita el cuerpo. Es como dejar el cuerpo vacío de alma, viajando sin descanso con la mente. Sin sentir. Sin vivir.

Respira

Hay magia en estar aquí, contigo, en este momento. Llena tu cuerpo de vida a través de tu respiración. Entrégate al momento presente con todo tu ser. Habita tu cuerpo, habita este instante, conecta tu cuerpo con tu mente y deja manifestarse a tu alma.

Siente

Ríndete al momento presente. Permite que te transforme, te llene al llegar y te deje vacío al irse, para transformarte con el instante que desaparece para dar lugar a uno nuevo. Siente todo lo que este instante tiene para ti.

Observa

Abre los ojos a la vida, aprende a ver lo que miras, a escuchar lo que oyes, a sentir lo que toca tu piel. Mira a tu alrededor. Observa los colores, las formas, la belleza en las flores, en el cielo, el desgaste en el suelo, el paso del tiempo en tus manos, los ojos de quien pasa a tu lado. Observa la vida pasar, siendo tú la vida. Observa el presente.

Conecta

Crea un espacio seguro para ti misma, estando presente para ti. De forma inherente, esto creará un espacio seguro para quien esté contigo, aunque a veces incómodo; no estamos acostumbrados a que alguien nos reciba con conexión interior, presencia y apertura. Sé para los demás lo que te gustaría que fueran contigo. Conectar con el otro desde la presencia es un regalo para el alma.

Encuéntrate en el silencio, en la quietud del que no espera nada, en la conexión con lo más profundo de tu ser, en la contemplación de la vida que está siendo mientras observas con la distancia justa. La magia de la presencia se manifiesta cuando le das espacio. Regálate silencio, quietud, meditación, contemplación, VIDA.

Tú eres magia cuando te regalas presencia en tu propia vida.

Todo es un milagro.
Tú eres un milagro.

TODO ES UN MILAGRO

Todo está hecho de milagros,
y cada partícula de la vida
es una expresión de lo divino.

Walt Whitman

Hay mucha magia en vivirlo todo como un milagro. Se le atribuye a Albert Einstein esta reflexión: «Existen dos formas de ver la vida: una es creer que no existen los milagros, la otra es creer que todo es un milagro». Yo he pasado por las dos fases, y parecen dos vidas diferentes. En función de las gafas que elegimos, así vemos. Y sí, al final me tuve que rendir a la magia, y los milagros que nos rodean cada día forman parte de esa magia.

Todo es un milagro.
Tú eres un milagro.

Según la RAE, un milagro es un hecho no explicable por las leyes naturales y que se atribuye a intervención sobrenatural de origen divino. Es precioso que la Real Academia Española incluya esta definición que nos deja abierta la posibilidad de intervención divina en nuestra vida. Y esa intervención divina no siempre viene de fuera; también viene de dentro de ti. Según el *Génesis*, Dios creó al ser humano a su imagen y semejanza. Tenemos que abrirnos a la posibilidad de que la divinidad viva en cada uno de nosotros, de abrirnos a lo imposible, a lo absoluto, al milagro que somos y que podemos crear.

«Milagros es el nombre que dan a las obras de la fe aquellos que no tienen fe», decía Neville Goddard. Su forma de explicar el milagro se basa en la ley universal de la asunción, y nos recuerda que el poder de que nuestra vida sea un milagro está en nuestra fe. «Asume que lo que deseas YA ES; siéntelo, actúa desde la fe y observa cómo tu vida se transforma en milagros». Para el autor, los milagros son obras de fe. El ser humano es una extensión de la conciencia divina, lo que significa que posee sus mismas capacidades creativas. Lo que más me gusta de esta mirada es que nos regala un poder olvidado dentro de nosotros mismos: el de crear la realidad desde la fe en que eso que queremos vivir ya está ocurriendo y quiere manifestarse. Comprender el mensaje de Neville me costó muchos meses de estudio, porque supone romper muchos muros de ideas, creencias y limitaciones, pero te invito a leerlo para ampliar tu mirada como lo hice yo y lo sigo haciendo cada día.

«Los milagros no son excepciones a las leyes de la naturaleza, son las leyes de la naturaleza», decía Marianne Williamson.

Todo en nuestra vida es un milagro,
y tú también.

Las posibilidades de que tú existieras tal y como eres tú, con tus facciones, tu intelecto, tu color de piel, color de tus ojos, tu sonrisa, es puro milagro. De los más de cincuenta millones de espermatozoides (que se dice pronto) que intentan fertilizar un óvulo cuando un hombre y una mujer tienen relaciones sexuales, fue exactamente uno el que lo consiguió para que tú estuvieras aquí tal y como eres. Ese es el primer milagro de tu vida. Y desde ahí seguimos sumando: la perfección de tu cuerpo, los órganos de tu cuerpo orquestados como un sistema perfecto, la salud que se autorregula buscando siempre su equilibrio, la supervivencia natural e instintiva, la posibilidad de andar, correr, de saltar, de superarte. Mirarte con ojos de milagro te ayuda a tomar conciencia de que todo en ti es magia, esa magia que al verla cada día pasa desapercibida, pero siempre está.

Los milagros nos rodean a cada instante recordándonos que la magia existe. Como cuando amanece y sale el sol poniendo luz donde antes había oscuridad. Su capacidad de embellecer todo lo que toca, y de hacerte sentir que es un nuevo comienzo, una nueva oportunidad. Cuando el sol se va a descansar y te invita a agradecer que has estado aquí un día más con la humildad del aprendiz que cada día puede superarse. El milagro de poder respirar, de poder ver la belleza que nos rodea, de poder sentir la piel que eriza la tuya, los vínculos que te mantienen vivo, con fuerza, que te recuerdan que siempre hay una razón para seguir viviendo.

Todo es un milagro. Lo que sale como tú querías y lo que no. Las noticias inesperadas, las que son bienvenidas y las que no te gustaría haber escuchado nunca. Todo es un milagro, porque todo es la vida manifestándose en todas sus formas, con su mensaje, sus caminos, su sentido. En el momento, la vida se hace caos para buscar un nuevo rumbo desde ahí. A veces lo más trágico, doloroso y difícil son puntos de inflexión para vivir diferente. Ojalá todo lo que amamos fuera eterno: la estabilidad, las creaciones, las personas... Pero entonces no habría evolución. El milagro de la evolución y la transformación está en el cambio. Y para que exista el cambio, tienen que cambiar las reglas del juego, el juego y los jugadores.

Soy realista, espero milagros.

Wayne Dyer

Tú eres magia cuando confías en que todo es un milagro en tu vida.

Le pedí flores al universo,
y me mandó lluvia.

Cuando entiendes esto, todo cambia.

Magia en Varanasi, India, 2019.

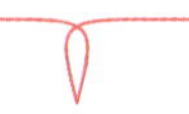

LA MAGIA DE NO ADAPTARTE A LA VIDA

La vida que conoces dice que tienes
permiso para hacerlo diferente.

Diferencias.
Ruido.
Soledad.
Incomprensión.
Más ruido.
Moldes en los que no encajas.
Intentas entenderte, pero no puedes.
Intentan entenderte, pero no pueden.

Hasta que un día, cuando menos lo esperas,
descubres que eres diferente.
Sencillamente eso.
Era eso.
Necesitas más silencio, menos ruido,
más humanidad y menos gente.
Necesitas más espacio, más respeto,
empezando por regalártelo tú.

Descubres que no adaptarte a la vida
era el regalo de tu vida.
A veces envuelto en espinas,
rechazo y dolor.
Pero lleno de magia.
En lugar de adaptarte, elegiste Crear.
No seguir la senda, crear tu propio camino.
No seguir las huellas, dibujar tu propia estela.
El regalo al mundo de no ser como los demás
es crear tu propia mirada, embellecerlo y volverlo a diseñar
con el don de tu sensibilidad,
con tu amor y creatividad.
Color.
Diferencia.
Autenticidad.
Respeto.
Escucha.
Amor.
Magia.
Creación.
AMOR.

Tú eres magia cuando te permites crear
tu propia música.

Tienes el poder de transformarte,
manifestar lo que amas,
trascender lo que ya has aprendido,
crecer y evolucionar a cada instante.
Tienes el poder de elegir
lo que quieres vivir,
la forma en la que vives lo que llega a ti,
las personas que quieres que te acompañen en tu camino.
Tienes el poder de reinventarte, sanarte y crearte
cada día desde una mirada nueva,
amando cada parte de tu ser y de tu camino,
honrando tus pasos y tu destino
como el alma que traza su camino con el más poderoso porqué.
Soñando tu vida.
Pintando el lienzo de tu vida con alma, magia y verdad.
Porque solo desde tu verdad puedes compartir tu huella única
y que tu experiencia de amor y evolución aquí
tenga sentido.
Confía. Ama, entrégate a vivirlo todo.
Tú eres magia cuando te eliges.

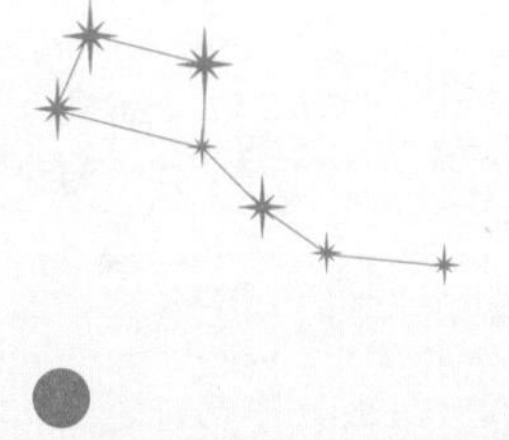

La magia de dejar ir
es la magia de la transformación
que vivimos cuando soltamos
y dejamos que nuestras alas
ocupen su lugar.

LA MAGIA DE DEJAR IR

A veces hay que dejar ir,
para poder ser.

Hay muchas formas de dejar ir y el regalo siempre es el mismo: reencontrarte contigo, con tu autoamor, el respeto a ti mismo, tu dignidad, tus sueños, tu vida. Nos cuesta tanto soltar lo que pensamos que era nuestro, decir adiós a lo que creemos que amamos, alejarnos de quien nos hace mal, que a veces es inexplicable.

Cuando hablamos de dejar ir, no siempre es al otro. Muchas veces tenemos que dejar ir una parte de nosotros mismos que nos mantiene atados a alguien. A veces tenemos cadenas invisibles que nos unen con personas que estuvieron en nuestra vida y que no hemos sabido cortar. Decía Jack Kornfield que dejar ir es liberar las imágenes y las emociones, los rencores y los miedos, los apegos y las decepciones del pasado que unen nuestro espíritu.

Soltar. Un día me di cuenta de que llevaba dieciséis años intentando mantener la armonía con alguien por el bien familiar, aunque la relación era de todo menos armónica. Todo el esfuerzo era a costa de mi salud emocional y, en muchas ocasiones, mi ausencia de dignidad. Mi razón para mantenerme ahí era tan grande como el amor por mi hija, pero, un día de noviembre, decidí que ya era suficiente. La aceptación es parte de nuestro camino de desarrollo, y aceptar que ya no se puede hacer nada, o que en una relación de dos tú solo tienes influencia en tu 50 por ciento, es también un signo de crecimiento y evolución. Dejar ir esa parte de mí que pretendía controlar el cien por cien buscando armonía y paz me desgastó tanto que no puedo explicarlo. Viví como un fracaso personal no conseguir mi objetivo, pero a veces lo que llamamos fracaso es el comienzo de una versión más auténtica y sana de ti misma.

El primer obstáculo que encontramos para dejar ir es el miedo: miedo a estar solos, a equivocarnos si lo hacemos, a herir a alguien, al cambio. No es fácil; decía Ellis que el arte de vivir implica saber cuándo aferrarse y cuando dejar ir; y es cierto. Por miedo a dejar ir tendemos a alargar vínculos y situaciones que sabemos que ya no son nuestro lugar, que ya no tienen nada para nosotros o que, sencillamente, ya no nos deja ser nosotros. La magia de dejar ir nos recuerda que en ese dejar ir nos volvemos a encontrar, recuperamos las partes de nosotros que se perdieron por el camino intentando hacer funcionar algo que ya no era, y nos abre el camino para una versión de nosotros mismos más poderosa y fuerte. Es la magia de la transformación que vivimos cuando soltamos y dejamos que nuestras alas ocupen su lugar.

Mi amiga Patricia Benito escribió una vez: «El amor, con las manos abiertas. Para darlo y para dejar que se vaya. Siempre». Y esa es la clave de la felicidad: la apertura, la libertad, la ligereza del que no resiste a lo que es, la fluidez del que se mueve con lo que es.

La magia de dejar ir es aprender a aceptar que hay personas que han formado parte de tu historia, pero no de tu destino; es aprender a agradecer todo lo que has vivido y compartido, abriendo nuevas puertas para nuevos aprendizajes y personas. Transformar vínculos, orden y prioridades. Darte tu lugar. Recuperar el poder que cediste sin acordarte de ti. Recuperar tu paz. Abrirte a lo que está por venir. Porque todo forma parte del mismo baile; el baile de la vida con su movimiento en forma de personas, actores de la misma obra con diferentes escenas y un mismo destino: aprender, recordar, evolucionar y crecer. Y luego trascender. La impermanencia.

En *El libro tibetano de la vida y la muerte* Sogyal Rimpoché dice que cada vez que las pérdidas y la vida nos dan una lección de impermanencia, nos acercan a la verdad. Las caídas te llevan al suelo de la verdad, y es el descubrimiento de un refugio interior: Tú. Ahí está el regalo que te estaba esperando al soltar y dejar ir. El reto está en saber sostener el vacío que nos queda cuando soltamos lo que un día fue.

Aprender a quedarte contigo cuando no tienes lo que un día te llenó.

Abrir las manos para que se vaya lo que ya hizo su función, y se llenen de la energía transformadora que te ayudará en tu evolución.

Por eso, cuando sientas el vacío en tus manos, CONFÍA, porque todo está en su orden natural, y tú también.

Sostén el vacío y confía en tu capacidad de sostenerte en medio de ese vacío. Todo está bien.

A veces tienes que dejar ir para poder ser.

Tú también eres magia cuando aprendes a dejar ir para seguir bailando el baile de la vida.

Yin Yang

Armonía. Energías opuestas que se unen para crear el equilibrio en ti. Yin es el principio femenino, la tierra, la oscuridad, la pasividad. Yang es el principio masculino, el cielo, la luz, la actividad. Integración y armonía. Dos partes de un mismo todo.

DE DIOSAS A BRUJAS. DE BRUJAS A DIOSAS

El poder de la magia reside en el corazón.
Cuando una mujer conoce su fuerza interior,
nada puede detenerla.

Isis

Comprender la historia que nos ha traído hasta aquí nos ayudaría a entender por qué estamos viviendo este momento mágico como mujeres en la historia. De diosas a vírgenes, de vírgenes a brujas, de brujas a ser anuladas y escondidas, de ser nada a ser de nuevo diosas, pero esta vez de nosotras mismas.

Nuestra historia está marcada por el miedo. El miedo a nuestro propio poder y el miedo de los hombres al poder de la mujer, que han necesitado esconder, anular y castigar para sentir el suyo. Y ahora ha llegado el momento de recuperarlo. Déjame explicártelo con un poco de historia.

En la Antigüedad las mujeres éramos amadas, admiradas y veneradas como diosas por nuestro poder creador. Figuras divinas de la fertilidad, de la sabiduría, de la curación y de la creación. Eran símbolo de equilibrio, protección y fuerza en las sociedades. Desde diosas como Isis y Hathor en Egipto a Brigit en la cultura celta, las mujeres eran reverenciadas y respetadas por su conexión con lo divino y su capacidad para guiar, sanar y transformar. Vivíamos en un matriarcado, donde teníamos un rol central en la vida espiritual, religiosa y social, viviendo en conexión al sagrado femenino, a la naturaleza más pura y honrando nuestra feminidad y toda la magia que reside en lo femenino.

Pero tras la llegada del cristianismo, lo masculino se impuso a lo femenino. Rechazaron, anularon y escondieron el poder femenino que estaba vinculado con la sabiduría, la magia y la autonomía, y esto llevó a la anulación de las mujeres. Especialmente durante los siglos XV al XVII, la caza de brujas alcanzó su punto máximo, con miles de mujeres acusadas de hechicería. Las mujeres sabias, las curanderas, las que tenían una especial conexión con la naturaleza, las que sanaban con plantas, las que tenían conexión espiritual y en otra época eran veneradas como sacerdotisas, druidas o diosas, comenzaron a ser vistas como una amenaza para el poder social masculino, por tanto fueron señaladas, marcadas, acusadas y quemadas.

Esa es la realidad desde la que partimos, y todo lo que ha pasado en medio a lo largo de la historia ha sido una manipulación y malinterpretación causada por el miedo a perder el control de los hombres, que todavía perdura en algunas culturas, como la musulmana. Hemos pasado de reverenciar a la mujer como diosa a que, en el año 2025, en Afganistán las mujeres no puedan mostrarse en público, ni siquiera hablar. ¿Por qué? Por miedo.

La sociedad siempre ha tenido miedo de una mujer segura de sí misma, consciente de su poder. La mujer consciente de su poder hace magia. La mujer consciente de sí misma es magia. En la historia, el desplazamiento de la mujer de su poder fue el resultado del miedo que representaba su fuerza, su extraordinaria conexión con la naturaleza, su profunda sabiduría y su increíble capacidad para generar cambio y transformación en el mundo.

> *Las mujeres tienen una fuerza invisible que las sostiene, que las rejuvenece y las hace saber que, aunque el mundo intente derribarlas, siempre se levantan, siempre resurgirán.*
>
> Clarissa Pinkola Estés

«La mujer, como la naturaleza, tiene sus propias reglas y no se les puede imponer ningún sistema», decía Rilke. Y esto fue lo que pasó. A lo que no se pudo doblegar ni reducir, se anuló, se silenció, se ocultó, se difamó. Así pasamos de ser diosas a brujas. Ahora tenemos la oportunidad de volver a ser diosas, pero tenemos que ser conscientes de qué fuimos, qué somos ahora y qué podemos volver a ser, reconociendo y honrando el camino y las razones por las que ahora estamos y sentimos así.

Quizá puedes sentir cómo estamos viviendo un resurgir de la energía poderosa de María Magdalena, anulada y ocultada durante siglos, y ahora está ocupando su lugar. No la de mujer culpable y pecadora que tanto se han esforzado por darle; la de mujer sabia y poderosa, maestra de la compasión y el amor, suma sacerdotisa del sagrado femenino y compañera de vida y alma de Jesús. Es el momento de honrar a las mujeres que fueron escondidas para sanar el femenino sagrado que se nos arrebató con la amenaza y el castigo. Es el momento de apoyarnos, impulsarnos y hacernos brillar unas a otras.

Cuando te sientas anulada, pequeña, con miedo, impostora, inadecuada, escondida, perseguida, incapaz: no eres tú, es tu historia la que está hablando. Allá de donde vienes explica mucho lo que estás viviendo en esta vida.

Esta vida es una nueva oportunidad para honrar tu historia, tus vidas anteriores, y recuperar tu voz, tu fortaleza, tus decisiones, tus talentos, tu contribución a la comunidad, tu autoamor, tu autenticidad y ser tú.

Esta vida es una nueva oportunidad para compartir tu magia.

Para ello te necesitamos amándote a ti misma.

Cultiva tu Autoamor.

Sé consciente de quién eres, de tus recursos personales y tus fortalezas.

Coge fuerzas desde la autoaceptación, sana tus miedos y tus heridas, contribuyendo así a la sanación colectiva.

Conecta con tu poder, recupera tu soberanía y fuerza, contribuyendo así al empoderamiento de todas las mujeres.

Recuerda que cuando sanas tú, sanamos todas.

Una vez fuimos diosas y nos tacharon de brujas por ser magia. Ahora sabemos que podemos ser brujas y diosas al mismo tiempo.

Tú eres magia cuando descubres que eres bruja y diosa y que nunca dejaste de serlo.

Magia en el templo de Isis,
Philae, Egipto.

Donde hay ternura,
el alma se expande.

LA MAGIA DE LA TERNURA

Cerrar los ojos y dejarte caer en otra piel.

Rendirte en el otro.

Abrir tu cuerpo a recibir amor, ser amor, crear amor vestido en forma de caricia, conectar tu alma con el alma del otro. Sentirte sostenida, sostenido.

En el camino de vivir rápido y no sentir mucho para no sufrir, hemos perdido la ternura. Es el momento de reconectarnos con ella, que nos recuerda la inocencia de la niña, del niño, la vulnerabilidad del que se entrega sin armas ni máscaras en un mundo cada vez más loco, y menos de verdad.

La ternura del que pierde el miedo a entregarse por un momento, porque confía en el amor; porque es amor. La ternura que nos recuerda que amar es cuidar y que también se cuida abrazando, sosteniendo, meciendo, recogiéndose en el otro.

Mecer el alma con un abrazo.

Descubrir en el otro un espacio seguro donde ser amor, paz, calma y seguridad. Descubrir en ti mismo ese espacio y convertirlo en paraíso.

La ternura es poder ver con los ojos del alma y tocar con las manos del corazón. La ternura es la fuerza de la suavidad, de la delicadeza y la conexión profunda. Recordando en un abrazo la humanidad compartida; que no estamos solos.

Recupera la ternura en tu vida, o descúbrela por primera vez. Hazle espacio en medio de las prisas de tu vida. Escucha lo que ha venido a contarte. Honra la suavidad, la delicadeza, la sensibilidad que la acompañan; ábreles la puerta sin miedo.

Tú también mereces esa ternura que derrite el dolor, que convierte el dolor en amor, a través de la risa cómplice, la mirada compasiva, el amor calmado.

Conectarte con la ternura te salva de la dureza de la vida.

La magia de la ternura es mecer el alma con un abrazo.

Tú eres magia cuando te permites ser la ternura que te salva.

Eres una creación divina.
Trátate con Amor.

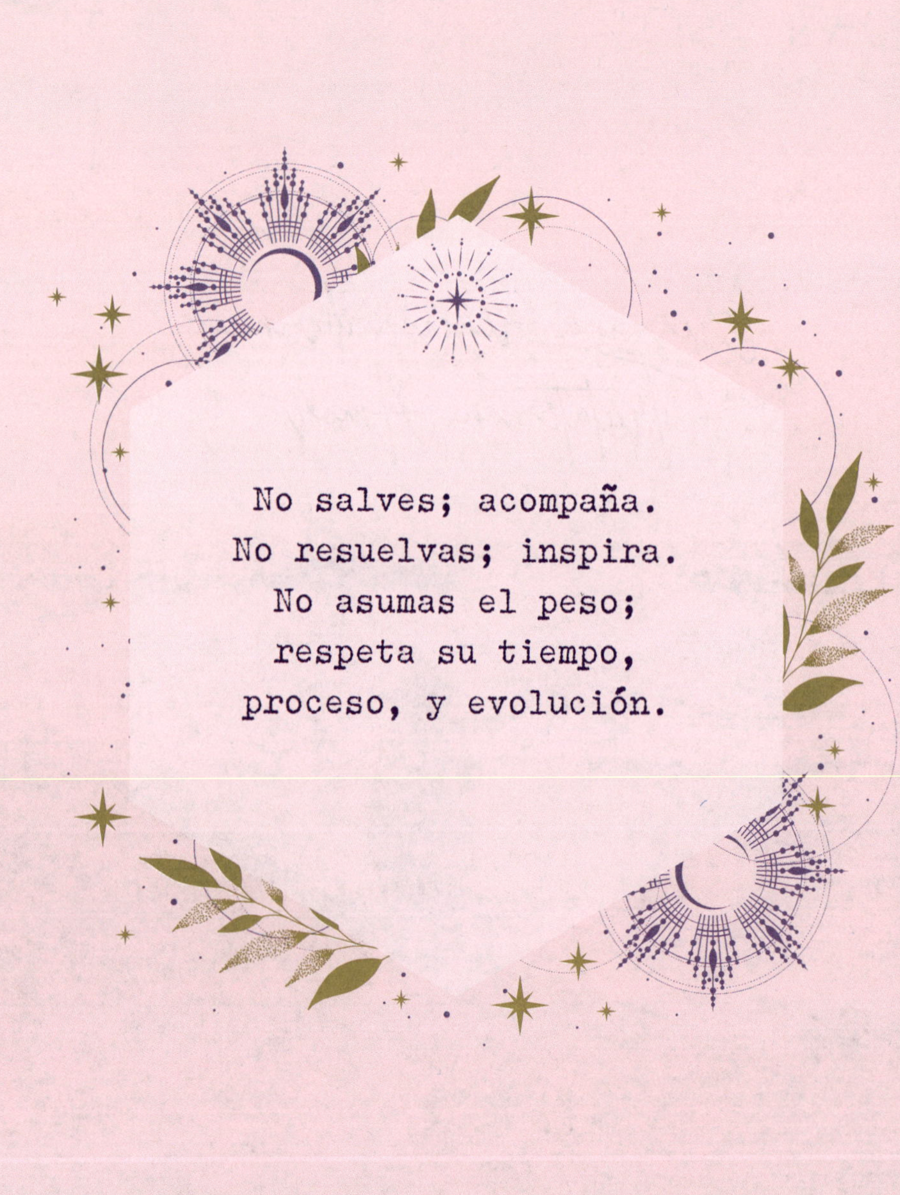

No salves; acompaña.
No resuelvas; inspira.
No asumas el peso;
respeta su tiempo,
proceso, y evolución.

LA MAGIA DE RESPETAR EL CAMINO DEL OTRO

Donde hay amor, hay aceptación,
y donde hay aceptación, hay sanación.

Bert Hellinger

Un día descubres que no puedes salvar a nadie. Le puedes regalar tu presencia, tu calma, tu paz, un consejo, tu compañía, tu mirada, acompañarlo en sus tormentas, mostrarle tu mundo, recordarle su luz.

Pero no has venido a este mundo a salvarlo, sino a hacerlo un poco mejor, siendo un poco mejor tú, cada día. Has venido a vivir, a experimentar, a aportar, a compartir, a ayudar. Pero no a salvar.

Cada persona tiene asuntos propios con los que lidiar, porque son su camino de aprendizaje. Cuenta la fábula que cuando el cuidador intentó romper el capullo para ayudar a salir a la mariposa, esta se murió. Es un gran aprendizaje honrar los procesos y los tiempos del otro sin imponer los nuestros. Los tuyos no son los suyos. Los del otro, tampoco son los tuyos.

No puedes vivir asumiendo el peso de la vida de los demás. Esto, desde el amor, es muy complicado en la práctica, porque en el proceso de amar queremos asumir todo del otro, incluyendo el dolor. De aquí vienen muchas lealtades inconscientes que nos limitan y formas de vincularnos poco sanas. Amar también es respetar el camino del otro, sus procesos y sus tiempos, su elección de vida, su destino. Intervenir constantemente en el camino del otro interfiere más que ayuda. Cuando descubres esto, tu vida cambia. Respetar es amar, y amar a veces es quitarse del camino. Y sigue siendo amor, un amor más consciente y respetuoso que el que, en nombre del amor, quiere controlarlo todo, y no deja ser.

Cada uno tiene su propio camino, y si no respetamos ese camino, no podemos ayudar a las personas a encontrar su paz.

Bert Hellinger

La magia de respetar el camino del otro es la magia de acompañar sin invadir, de ser con otro, sin invalidar, infravalorar o sobreproteger. Cuando interfieres constantemente en el camino del otro, va implícita tu mirada de que el otro no es capaz de gestionar sus asuntos, su vida. Amar también es dejar espacio para que el otro sea, aunque se equivoque a tus ojos. Es su camino, es su vida.

No salves; acompaña.
No resuelvas; inspira.
No asumas el peso; respeta su tiempo, proceso, y evolución.

Tú eres magia cuando respetas el camino de otro
y le das espacio para ser.

Pirámide de Giza, Egipto,
octubre 2024.

Vesica piscis

Geometría sagrada que une el cielo y la tierra, lo superior y lo inferior, el creador y la creación. La integración de energías que componen el todo. La unión de los opuestos. Representa la creación o el «útero del Universo». A veces relacionado con la creación de la Dios madre (Virgen).

LA MAGIA DE AMAR LO QUE ES

Cuando te identificas con el momento presente,
te conectas con la vida misma.

No hay nada más profundo que la conciencia del
momento presente.

Eckhart Tolle

Amar lo que es implica aceptar incondicionalmente lo que la realidad nos trae.

En un mundo tan mental y físico, donde construyes tantas opciones en tu mente de lo que debe ser, aceptar lo que es tal y como es, cuando llega, es sumamente difícil. La realidad nunca nos traiciona, ni sale mal, ni se equivoca; recuerda que en el universo no hay errores, todo es perfecto. La realidad se manifiesta con su camino, sus preguntas, sus respuestas, fluyendo en su cauce natural, y somos nosotros los que imaginamos un camino diferente y luego no sabemos nadar cuando llega. Resistirte a veces es ahogarte. Aceptarlo es fluir con él. Amarlo es disfrutar mientras te dejas llevar.

Hay magia en amar lo que es. Byron Katie dice sobre esto: «La realidad está bien tal como es porque cuando discutimos con ella sentimos tensión y frustración. No nos sentimos naturales ni equilibrados. Cuando dejamos de oponernos a la realidad, la acción se convierte en algo sencillo, fluido, amable y seguro». Algo aparentemente tan sencillo como aceptar la realidad se convierte en todo un reto.

Pero recuerda que tú has venido a hacer magia en tu propia vida. Hay magia en la aceptación incondicional de lo que es.

Amar lo que está siendo es amar la vida.

Amar lo que es también es dejar ser, tal y como es, con sus cambios, sus transformaciones, su impermanencia, porque nada que llega se queda para siempre y todo lo que es ha nacido para transformarse. La única forma de no caer en el apego es recordar y sentir la impermanencia.

Sentir lo que es.

Vivir lo que está siendo,
sabiendo
que dejará de ser.

Y, aun así,
vivirlo sin miedo.

La magia de *amar lo que es* nos transforma, porque, al aceptar la vida tal y como es, nos permitimos ser transformados por ella.

Escribía Gloria Fuertes:

Lo que me enerva es
saber que estás de paso,
y aun así,
no acariciar bastante
atardeceres, cuerpos,
risas,
manos,
muslos,
senos,
hombros,
brazos.
Y no acariciar bastante
la vida en vano.

Te invito a amar este momento tal y como es. Te invito a amarte en este momento tal y como eres. Honrando tu momento presente tal y como es en este instante, y en este, y en este. Aleja el juicio y ama. Acepta todo como es, para regalarte la verdadera y más pura presencia, algo que sentimos poco. Nos acompañamos, pero no estamos. A veces estamos, pero no somos.

Te invito a honrar también ese tiempo entre los tiempos, la pausa sagrada que a veces aparece para que te mires. La pausa sagrada que hace de espejo de tu propia existencia, para dejar de correr, y solo sentir. Amar el camino, amar el ritmo, amar la pausa, amarlo todo.

Y quedarte contigo, en medio de esta realidad, con todo lo que tiene para ti; el dolor, el amor, la alegría, la tristeza, y permitir así que la realidad pueda transformarte. Siente. Sentir es vivir plenamente.

Como recoge Deepak Chopra, «cuando dejamos ir nuestras expectativas y nos entregamos a lo que es, nos abrimos a la magia de la vida».

Solo cuando vivimos el dolor, el dolor se transforma. Solo cuando escuchamos al miedo, desaparece. Solo cuando entendemos el mensaje de la ira, esta se diluye como olas en el mar. Todo necesita ser aceptado, escuchado, integrado, alejándonos del juicio o del rechazo a lo que está siendo.

Todo necesita ser vivido.

Tú eres magia cuando te entregas a la vida amando lo que es.

Elijo quedarme
justo en este instante.
Sin prisa, sin querer cambiar nada,
solo aceptando lo que soy,
lo que tengo, lo que es.
Nada que cambiar.
Ningún lugar al que llegar.

Amar lo que es es abrazar la imperfección perfecta,
es dejar ir y dejar llegar sin interferencia,
es reconocerme en este instante
como un yo en perfecta evolución y presencia,
con la certeza
de que todo es magia
cuando me permito ser.

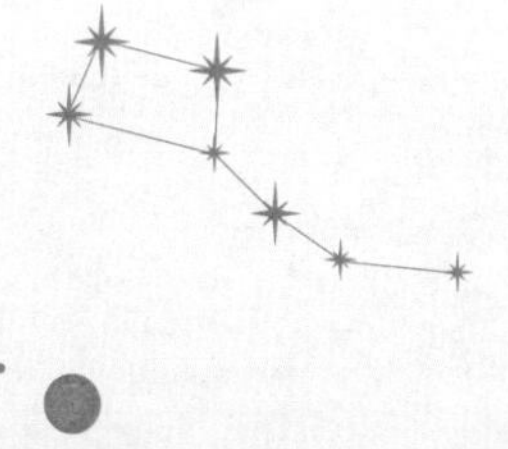

El Universo es abundancia.
La Tierra es abundancia.
El Mar es abundancia.
La Naturaleza es abundancia.
Y tú también eres abundancia
porque eres parte de ese Todo.

LA MAGIA DE LA ABUNDANCIA

> El mundo es un espejo.
> Siempre está reflejando lo que estás
> viviendo dentro de ti.
>
> Neville Goddard

Una mañana de Navidad me desperté y pude ver con una inmensa claridad los patrones que se repetían en mi entorno más cercano, conectados a la carencia en una polaridad carencia-abundancia donde yo me sentía completamente disonante a nivel energético. Nunca lo vi con tanta claridad como ese día, y quiero compartirte lo que descubrí.

Esa Navidad no recibí regalos, solo los de mi pareja y autorregalos, que me encanta hacérmelos. No es un problema para mí, porque tengo la fortuna de poder darme caprichos y hacer continuamente cosas bonitas para mí misma, pero en esas fechas tan especiales reflexioné mucho sobre ello. ¿Qué pasa a mi alrededor? ¿Qué imagen proyecto sobre mi entorno que creen que no necesito nada? ¿Será algo en mí o algo en ellos? ¿Qué han normalizado que yo (ya) no veo? Me hice estas y otras muchas preguntas, hasta que descubrí una realidad sobre la energía de la abundancia y su polaridad operando en muchas de las personas que más quiero. Todo se comprende si observamos la energía de nuestro origen, las palabras y frases que más se usan, y la programación que todo esto genera en nuestra mente, creando así la normalidad de nuestra vida. Frases como «no puedo», «no tengo», «no llego» son las frases que más escucho desde que nací en el lugar y familia en la que nací. Afortunadamente en mi casa esas frases estaban muy equilibradas con otras más conectadas a la abundancia. Volviendo al ejemplo de esa Navidad, cuando lo observo de cerca descubro que las personas de mi familia no me han regalado nada porque se han dicho a sí mismas que no pueden y no tienen dinero para regalarme nada. Yo, por supuesto, les he hecho un regalo a cada uno. Ellos, por su diálogo de carencia, no. Si lo enfocamos desde la energía, la ley universal del dar y recibir es un círculo perfecto que se completa cuando das y cuando recibes, sin embargo, con ese diálogo de «no puedo» y «no tengo», la acción y la intención son de carencia, rompiendo el círculo, literalmente. Has interferido en el círculo de energía perfecto del universo con lo sencillo que es aplicar algunas leyes, como esta. Y la energía es información, y la energía genera acción y resultado.

En términos de energía traducidos al lenguaje, le has dicho al Universo que no tienes y que no puedes, ¿cómo te contesta el Universo? Con resultados confirmatorios, con la misma frecuencia (energía) con la que tú operas. No vas a tener y no vas a poder. Todo va a seguir igual, en esa energía de carencia, hasta que generes un cambio en desde dónde te relacionas con la vida, y con él.

Si piensas desde la carencia, vibras carencia.

Si piensas desde la expansión, vibras expansión.

Sin duda alguna, vemos y creamos lo que creemos. Wayne Dyer nos dejó una reflexión preciosa sobre ello: «Vemos esencialmente aquello en lo que creemos. Por ejemplo, si usted cree firmemente en la escasez, piensa en ella con asiduidad y la convierte en el tema de sus conversaciones, estoy convencido de que acabará viéndola en su vida. Por otro lado, si usted cree en la felicidad y la abundancia, piensa únicamente en ellas, comenta el tema con los demás y actúa en consecuencia, es muy probable que también acabe viéndola».

Hace mucho tiempo que logré identificar este patrón en mi vida y comencé a cambiarlo. Elegí vivir desde una frecuencia de abundancia en todos los ámbitos de mi vida, y, efectivamente, mi vida cambió. La energía en sí misma es un lenguaje, y desde ahí creamos magia. Deepak Chopra dijo: «Cuanto más des más recibirás, porque mantendrás la abundancia del universo circulando en tu vida».

La abundancia es un estado del ser, un estado de conciencia que inunda todo lo que eres una vez que te abres a ello. Es algo independiente de las circunstancias, ya que hay personas que tienen todo y viven en carencia (mental, emocional, espiritual) y personas que tienen menos y viven en abundancia. Wayne Dyer dijo: «La abundancia no es algo que adquirimos, es algo con lo que nos conectamos», como conectarte a una fuente infinita de agua que nunca se termina. Ser abundante está relacionado con la mirada de gratitud a todo lo que te rodea; expandir esa mirada a todo lo que hay en tu vida te conecta con esa fuente inagotable e infinita del universo.

La abundancia no es algo que adquirimos.
Es algo que debemos sintonizar.

Deepak Chopra

Todo en el universo es energía, frecuencia y vibración.
Y tú también.

Cuando comprendes esto, dejas de buscar fuera lo que ya eres por naturaleza.

Recordar que eres parte de lo divino te conecta con la abundancia natural que eres; saberte separada de lo divino, y adquirir los patrones de pensamiento de tu entorno, te aleja de esa abundancia que, por derecho natural, hay en ti. Respira profundo y siente estas palabras en tu interior, repítelas todas las veces que necesites hasta que sientas que las integras en tu corazón.

- El dinero llega a mí de forma fácil y sin esfuerzo.
- Soy abundante y el universo me da todo lo que necesito.
- La abundancia está presente en mi vida en todos los ámbitos.
- Soy abundancia, éxito y prosperidad.
- Amo el dinero y el dinero me ama a mí.
- Atraigo éxito y riqueza a mi vida.
- Todo lo que gasto regresa multiplicado a mí 7 veces 7.
- Todo lo que necesito y quiero en mi vida llega a mí de forma fácil y sencilla.
- Estoy en sintonía con la energía del dinero y la abundancia.
- Yo no persigo, yo atraigo.
- La abundancia es mi estado natural y me permito recibirla plenamente.
- Me siento digna de recibir abundancia en mi vida.
- Gracias universo por la salud y la abundancia en mi vida.

Tú eres magia cuando te abres a la abundancia en tu vida.

Piensa	(3) el pensamiento crea
Siente	(6) el corazón magnetiza
Expande	(9) el alma manifiesta

Esta es la frecuencia de la creación y la abundancia.

Om

Simboliza el Universo, el origen de todos los sonidos y palabras. Es el primer sonido (vibración) proviniente de la deidad suprema que origina todo y a su vez describe la «realidad espiritual» suprema. Representa los 4 estados de la conciencia humana: despertar, profundidad, dormir y sueño.

LA MAGIA DE ELEVAR TU VIBRACIÓN

> El amor es la vibración más alta que existe.
> Cuando te amas a ti mismo, te elevas
> a una vibración más alta y ayudas al mundo
> a vibrar más alto.
>
> Louise Hay

Hay magia en aprender a ver lo que no se ve, a sentir lo que no ven nuestros ojos, pero a lo que tu cuerpo te responde. Y también tu vida. Porque la respuesta a cómo estás vibrando en este momento es la vida que estás teniendo en este momento, cómo son tus relaciones, tus resultados y tu sentir.

Somos información, energía, y frecuencia vibratoria. La vibración es la propagación de las ondas de energía, y la frecuencia es la «música» en la que se mueven los átomos de la materia. La resonancia es cuando coinciden la frecuencia interna y la frecuencia externa. Cuando dices «me resuena» es que esa información o persona ha cuadrado con lo que estabas sintiendo.

Somos energía y nuestro reto actual es aprender a elevar nuestra vibración y ascender a la quinta dimensión, que es lo que nos requiere este momento como humanos. Ante estos retos que a veces nos quedan tan grandes, necesitamos fortaleza y conexión.

Para sentirte fuerte, deja de vivir desde tu individualidad y elige vivir desde tu conexión universal. Una te lleva a la limitación desde el ego y la otra a la expansión ilimitada y a la magia.

Existe magia cuando elevas tu vibración, porque, entre muchas cosas, haces que tu cuerpo funcione mejor y te llenas de salud. La relación entre pensamientos, emociones y cuerpo está científicamente comprobada, y los cuerpos superiores controlan a los cuerpos inferiores. Los cuerpos superiores son el alma, el cuerpo mental y el cuerpo emocional, y estos influyen directamente en los cuerpos inferiores que son el cuerpo físico y el cuerpo energético. Si en este momento te estás sintiendo bien contigo, probablemente estás en vibración alta, y si te sientes mal, en vibración baja. Así de sencillo, y de complicado, porque oscilamos de un extremo a otro según sean nuestros pensamientos, emociones, y entorno. Todo lo que emites con tus pensamientos y emociones vuelve a ti. Todo tiene que ver contigo. Un día aprendemos que es un acto de amor mantener tu paz en un entorno hostil, proteger tu mundo interior no entrando en conflictos o no dejándote contaminar por el clima emocional de tu entorno o de otra persona. Es verdaderamente difícil, lo sé, pero el beneficio es tan alto que tenemos que hacer lo que podamos para cuidar nuestro mundo. Sostener la emoción. Sostenernos en ese entorno emocionalmente contaminado, para cuidar nuestro mundo emocional. Eso también es autoamor.

En mi libro *Confía* te compartí la escala vibracional del doctor Hawkins, que estudió profundamente cómo la vibración por estado emocional afectaba a la salud y al cuerpo. Su graduación va de 0 a 1.000, donde 0 es la muerte y 1.000 la iluminación o conexión con *el todo*, *Dios* o *el universo*. Una de sus conclusiones fue que «todos los niveles bajo 200 a la larga destruyen la vida en el individuo y en la sociedad y todos los niveles sobre 200 son expresiones constructivas de poder. El nivel decisivo de 200 es el umbral que divide las áreas generales entre fuerza y poder», y que el 85 por ciento de las personas en la Tierra están por debajo de 200. En lo más bajo encontramos la vergüenza y la culpa. ¿Cuánto nos estamos moviendo ahí? Yo puedo sentir cada vez que me muevo en la culpa, cómo mi cuerpo se apaga, se cierra, se desconecta de lo divino. En lo más alto encontramos paz, alegría, amor, y yo puedo sentir cuando me muevo ahí, cómo mi cuerpo crece, se expande y se conecta con lo divino. Así de mágicos somos, así funciona la magia de elevar nuestra vibración. Y la responsabilidad de elevar ese nivel medio en el que vibra la humanidad en este momento, que no se nos olvide.

En las relaciones, en ese proceso activo de autocuidado, cuando la comunicación ya no funciona, a veces hay que alejarse de ciertos vínculos, y otras veces recolocarlos donde les corresponde en este momento. Las filtraciones continuas de energía por entornos tóxicos, conflictos o falta de autocuidado debilitan el espíritu. Protege tu energía; protege tu luz.

Sadhguru dice: «Si alguien es desagradable contigo, prueba primero con el amor. Si eso no funciona, la compasión. Si eso no funciona, la distancia». La energía positiva siempre está disponible para ti. Conectarte con la alegría, el amor, la gratitud, es la forma más rápida y efectiva para elevar tu vibración.

Cuando elevas tu vibración, la magia ocurre.

La magia no puede bajar su frecuencia. Si quieres sentir magia tienes que elevar tu frecuencia.

Todo lo que vives fuera es un reflejo de lo que vives dentro. Si vibras en amor y vives en amor, el amor será lo que conectará con tu espacio en forma de puzle, como si una frecuencia externa sintonizara con tu frecuencia interna complementaria. Si vibras en abundancia y gratitud, eso será lo que llegará a tu vida.

A la pregunta «¿qué quiero tener en mi vida?», respóndele creándolo dentro de ti primero. Todo lo que se manifiesta fuera, se crea primero en ti.

Saint Germain nos trae la llama violeta como el más alto nivel de vibración que podemos experimentar. En la llama violeta se unen las energías más poderosas que pueden cambiar el mundo, como son el amor, la misericordia, la justicia, la libertad, el perdón y la trasmutación. Nos purifica, nos sana y nos eleva al más alto nivel. Es la energía que te conecta con tu esencia y con su propósito. Es la llave que abre las puertas a un mundo de posibilidades. La frecuencia de la llama violeta es de 777 Hz, frecuencia que nos eleva y conecta con la Suerte y el Dinero, atrae Riqueza, Amor y Salud, Esperanza y Fe.

Neville Goddard decía en cuanto a la energía y la vibración que el secreto para manifestarlo era elevar tu consciencia hasta el nivel de lo que deseas y permanecer ahí hasta que se convierta en realidad. Hacer como si ya existiera nos hace elevar la frecuencia vibracional. Manifestar lo que ya está siendo. Vivir desde el sentimiento de gratitud de que lo que quieres ya es. Crear tu realidad dentro para que se manifieste fuera.

Este universo está diseñado para magos de la frecuencia, de la intención, de la vibración. Este universo no responde al grado de esfuerzo (ojalá, porque a veces sería más fácil). La clave está en aplicar este conocimiento en tu vida y conectarte con tu magia.

Vibra alto y resuena en la frecuencia de la paz, la alegría, el amor y la abundancia. Has venido para eso.

Tú eres magia cuando elevas tu vibración y con ella, elevas también la vibración de la humanidad.

Magia en la Stupa
de la iluminación.
tienes el poder de la sanación consciente,
de ti y del mundo

LA MAGIA DE SER ALQUIMISTA

> La aventura del héroe es la aventura de la transformación. La verdadera alquimia es transformar la oscuridad en luz, el sufrimiento en sabiduría, el miedo en amor.
>
> Joseph Campbell

Uno de los regalos de nuestra vida es la capacidad que nos ha sido dada de ser alquimistas de nuestra propia vida. Poder transformar nuestra realidad. Ese es uno de nuestros más poderosos dones: hacer lo mejor con lo que tenemos, transformar el barro en oro, reescribir la historia de nuestra vida con gratitud y amor donde antes firmábamos con dolor.

La magia de ser alquimista de la vida radica en el entendimiento de que todo tiene el potencial de ser transformado. A través de la comprensión, del cambio de mirada, de la conexión con tu sabiduría interior y la confianza en ti, puedes convertir las experiencias ordinarias en una obra maestra, reflejando la grandeza de tu alma y su capacidad para crear belleza en el mundo.

Ser alquimista también es conectarte con la capacidad de trascender y transmutar tus experiencias, tu energía, y vivir desde ahí de forma consciente desde el momento en el que así lo eliges.

Saint Germain también nos hablaba de la autocorrección diciendo que cada persona debe enfrentarse a sí misma, observar lo que necesita corregir, y proceder a hacerlo. Reconocer y trasmutar, con la llama violeta, el dolor en amor, el trauma en aprendizaje, la oscuridad en la más bella luz.

Trascender es ir más allá de lo que se ve. Cuando trasciendes algo te conectas al sentido de lo que has vivido, como si eso que ha pasado tuviese un porqué más allá de sí mismo. Implica sobrepasar nuestros límites, nuestras creencias, el ego. Confiar en lo que pasa es trascender a la experiencia en sí misma.

Trasmutación es una metamorfosis profunda; es el cambio interno que ocurre en ti cuando te acercas a lo divino y sueltas lo que te hace mal. Podemos transmutar la energía, los pensamientos, las emociones, poniendo el foco ahí. Implica elevarse, convertirse en algo superior. Trascender es (tr)ascender. Ir hacia algo más elevado, elevarse.

Ser alquimista también es descubrir que para sanar no siempre tienes que intervenir en forma de acción. Muchas veces no hay que hacer nada; la comprensión en sí misma ya es sanación. Mirar tu realidad con otros ojos, ampliar la mirada, cambiar la perspectiva, trascender a lo que es puede generar más cambio que una acción física. Comprender es sanar. Comprender es trascender, transmutar, ascender, evolucionar.

La magia de ser alquimista trasciende a ti misma, haciendo un mundo mejor. Ya Coelho mostró con su libro *El alquimista*, que el propósito del amor es convertir a la gente en mejores personas que luego hagan del mundo un lugar mejor.

La magia con la que crees en ti tiene su impacto en el mundo. Por tanto, todo lo que en ti puedas convertir en amor, paz, alegría, abundancia, compasión, tendrá su influencia en la humanidad, especialmente en las personas con las que más te relacionas.

Conviertes tu oscuridad en luz.

Tu dolor en amor.

Los obstáculos en posibilidades.

El rencor y la envidia en inspiración y compasión.

La herida en sabiduría.

El miedo en acción y superación.

La pérdida en renacimiento.

La incertidumbre en esperanza.

El silencio en escucha sagrada. Porque al recordar quién eres, todo lo puedes.

La magia sagrada de ser tú, creadora de belleza en medio del caos, capaz de transformarlo todo con solo Ser.

Permítete ser magia en un mundo en el que nadie cree.

Tú eres magia cuando eres alquimista de tu vida.

Inguz

Runa celta. Atrae salud, el crecimiento y el equilibrio emocional y espiritual. Nuevo comienzo, volver al centro, retomar el camino desde la conexión con tu interior.

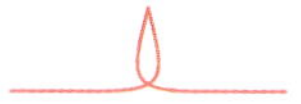

LA MAGIA DE OCUPAR TU LUGAR

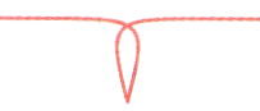

No dejes que termine el día sin haber crecido
un poco, sin haber sido feliz,
sin haber aumentado tus sueños.

[...]

No permitas que la vida pase por ti
sin que la vivas.

Walt Whitman

Veo a tantas personas perdidas en su propia vida que podría decir con certeza que más de 70 por ciento de la humanidad no sabe dónde está ni a dónde va. Imagina qué tipo de mundo tenemos, entonces, si casi ocho de cada diez personas no saben dónde están, por qué están donde están o dónde quieren estar. Y ahí en medio, solo dos se encuentran, a ratos, sintiéndose perdidas algunas veces y con gran claridad otras, penduleando en medio de dos realidades en sus vidas. Esto resumiría la humanidad que tenemos en este momento, cómo está el mundo, cómo se siente.

Imagina un aeropuerto. Como dice la película *Love Actually*, una de mis películas preferidas, se aprende mucho observando a las personas en un aeropuerto; puedes saber quién está esperando emocionado, quién se está despidiendo y quién va a viajar. Normalmente estás allí haciendo tiempo, paseando, sentado, paseando de nuevo, sin saber muy bien hacia dónde ir, hasta que, pasadas unas horas —a veces muchas—, aparece tu número de vuelo en la pantalla y, como por arte de magia, te diriges rápidamente a la puerta de embarque con energía y determinación, para llegar el primero. Lo único que ha cambiado entre la primera escena y la segunda es que en la segunda sí sabes hacia dónde vas. Ese pequeño detalle hace que te cambie todo: la energía disponible, la motivación, la paciencia, las ganas, la emoción. A veces, cuando estás en la fila, te cambian la puerta de embarque. Los cambios no nos gustan en ningún caso, pero al tener un nuevo lugar al que dirigirte, la energía es la misma. Sin embargo, desaparece si anularan el vuelo hasta nueva orden. En ese caso volverías a ese estado inicial, te volverías a sentar, haciendo tiempo, sin energía, ganas, o motivación. Este ejemplo que he observado en los aeropuertos, y en mí misma, por supuesto, nos representa muy bien en la vida. Ahora mismo la vida sería un aeropuerto muy grande donde 5.600 millones de personas no saben dónde van ni quiénes son, y 1.600 millones lo saben, más o menos. Y el resultado es lo que podemos ver cada día: da miedo.

Ocupar tu lugar en ti es ocupar tu lugar en el mundo. Quizá es un objetivo muy ambicioso, pero el mundo a veces se traduce en tu mundo inmediato, lo que tienes cerca, alrededor, accesible. El primer lugar en el que tienes que ocupar tu lugar es en ti mismo.

Hay personas que han vivido escondidas desde el día en el que llegaron a este mundo: para no ser vistas, para no ser atractivas, para no sobresalir, para pasar desapercibidas. A veces es consecuencia del contexto y los mensajes recibidos, pero desde la adolescencia ya recuperas el poder sobre ti mismo para reducir la influencia del entorno. Aun así, puedes tener cincuenta años y llevar cincuenta años escondida del mundo y de ti. La vida te está invitando en este momento a ocupar tu lugar, porque solo desde esa intención convertida en acción de ocupar tu lugar en tu vida sucede la magia. Conéctate con el merecimiento, la vida por derecho que te ha sido dada, la abundancia por derecho que te corresponde por estar aquí, así como la alegría y el disfrute. Mereces todo lo bueno que la vida tiene para ti. Alza tu voz, pide tu espacio, escucha a tus sueños, habita tu ser.

Dice Caroline Myss que nuestra biografía se convierte en nuestra biología. De esta manera nuestra historia y lo que nos contamos de nuestra historia, se queda impresa en nuestras células, en nuestro cuerpo, del pasado al presente y del presente al futuro. Es inspirador saber que lo que elijamos pensar, sentir y hacer hoy tendrá un impacto en cada parte de nosotros de aquí en adelante, impactando también en nuestro mundo inmediato a través de nuestras relaciones y en el universo a través de nuestra vibración. Nada es casualidad en este mundo. Y que tú estés aquí, siendo tú, tampoco.

La vida te pide un sí rotundo a ti mismo en este momento. Ocupar tu lugar también es regalarle un sí a lo que sientes, a lo que eres, un sí a lo que quieres, un sí a tus sueños. En medio de la vorágine de tu vida, permítete crear espacios para el disfrute y el placer, para la alegría y la creación. Cuida tu descanso, tus espacios y tus tiempos. Recuerda cada día vivir desde el ser, haciendo menos y viviendo más. Conéctate contigo. Devuelve el valor a lo sencillo, el amor por lo simple, honra la esencia de las cosas, de los lugares y de las personas.

Tú eres magia cuando ocupas tu lugar en tu vida, y en ti.

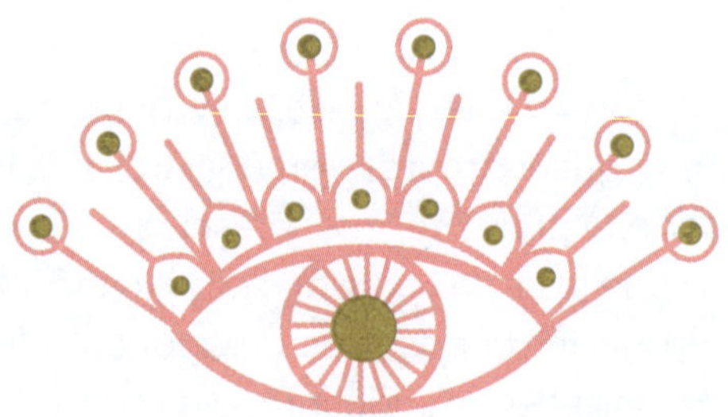

TU ALMA SABE CUÁL ES EL CAMINO

Si tu maestro interno te dice que necesitas un tiempo para ti, escúchalo.
Si tu alma te dice que ya no vibras con algunas personas con las que solías compartir, es parte de tu evolución.
Si tu espíritu te pide que te conectes más y que empieces a trabajar en tu equilibrio, hazle caso.
Si tu cuerpo te pide que te alimentes mejor, que camines y que duermas más horas, consiéntelo.
Si tu vida te dice que ese trabajo ya no es para ti, es hora de tomar un nuevo rumbo.
Si tu corazón te dice que ya no te sientes lleno con esa pareja, sigue a tu corazón, él sabe el camino.
Si tu cuerpo te dice que cambies de hábitos, pensamientos y rutinas, busca otras formas.
Si tu corazón te pide a gritos que viajes, hazlo y no pongas excusas.
Él sabe cuál es la medicina que necesitas.
Aprende a escucharte, conéctate con tu maestro interno y ábrete a todas las señales que llegan para ti.
Tu alma sabe cuál es el camino.

Fiore Fasce

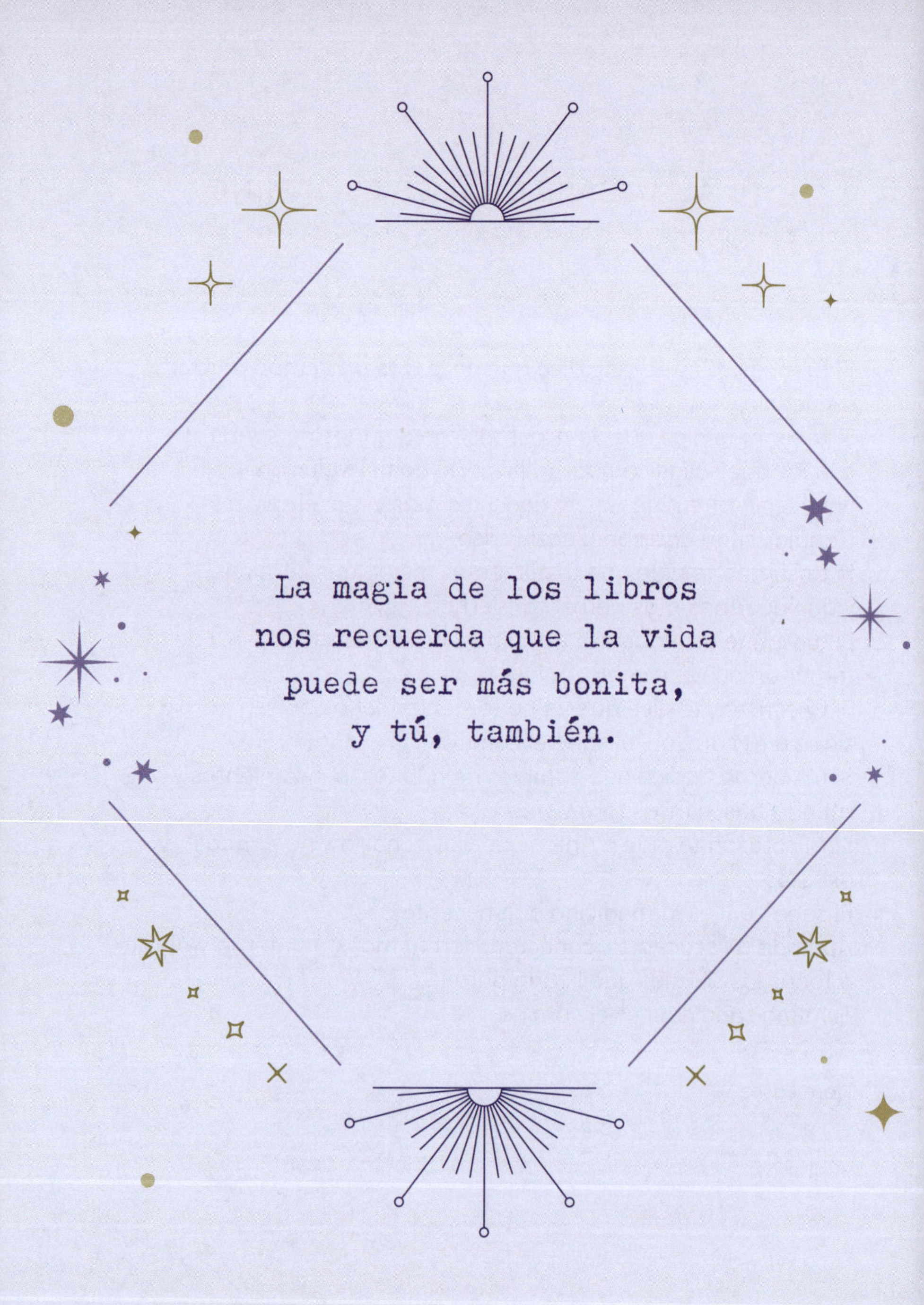

La magia de los libros
nos recuerda que la vida
puede ser más bonita,
y tú, también.

LA MAGIA DE LOS LIBROS

> Un libro es una prueba de que los seres humanos son capaces de hacer magia.
>
> Carl Sagan

La magia de los libros nos salva de la vida tantas veces que no podemos contarlas.

Borges decía que siempre había imaginado que el paraíso sería una especie de biblioteca. Yo también. A mí me han salvado de mi vida muchas veces, y ahora recibo mensajes de cómo mis libros os salvan a vosotros. Salvar aquí es sinónimo de que te rescatan, te ayudan a evadirte, te invitan a crear un mundo paralelo en el que todo es posible.

Yo he pasado de gran lectora a escritora, ahora soy las dos cosas, y ambas me ayudan por igual. Puedo decirte que los días más bonitos, intensos y profundos de mi vida son los días en los que me despierto y sé que voy a pasar el día entero escribiendo, tal y como estoy ahora mismo, conmigo, contigo, para ti y para mí. Estos días me llenan de sentido, significado profundo de mi vida y comprensión, siento que me hacen más de verdad, me expanden, me llenan. Mientras escribo, vivo la magia de crear un mundo paralelo donde refugiarme cuando lo necesito, porque este mundo a veces se nos hace muy difícil, inhóspito, incompresible y duro, esa es la verdad.

Y tener otro lugar al que ir cuando te sientas así, es un refugio. Los libros son el refugio de la vida cuando duele.

No hay fechas, no hay tiempos, para un libro que te está esperando.

Me gusta pensar que escribo los libros para dejarlos al mundo, disponibles, y que cada uno pueda acceder a ellos cuando sea su momento, cuando lo necesite. Hoy he comunicado que estaba escribiendo este nuevo libro en mis redes y me ha escrito una lectora, entre la alegría y broma, diciendo que vaya maravilla todo lo que tengo que decirle al mundo pero que no puede seguir mi ritmo porque escribo más rápido de lo que ella lee. Le he contestado que no hay prisa, que una vez escrito, el libro ya está ahí para ella, esperando eso que llamamos «el momento perfecto», que es cuando algo de ti te dice que lo leas, que estás preparada. Me encanta esa mezcla de paciencia y magia, vestida de respeto por el momento perfecto, y tu sentir, que hace que muchas veces nos compremos libros que queremos tener, pero para los que aún estamos listos. El alma sabe.

De pronto, días, semanas, meses después —a veces años—, ese libro estaba ahí para ti, esperándote paciente para darte el mensaje que tu alma necesitaba en este instante. Esa, para mí, es la verdadera magia de los libros.

En esta magia en la que yo creo no caben las presiones por ventas, los tiempos ajustados o la cultura de la inmediatez, ni tampoco quiero la cultura del éxito efímero que hemos creado. Creo en la magia del libro que, lleno de sabiduría del alma, crea un espacio de amor, alegría, reflexión, ficción, lo que sea que haya dentro, y que, una vez escrito, es entregado al mundo con todo su amor, y puesto a disposición de quien lo necesite, y es perfecto así. Por eso todos los libros no son para todo el mundo, ni los escritores podemos esperar que nos lea todo el mundo. La magia de la energía hace que quien te lee suela vibrar como tú, y, aunque cada persona es un mundo, los lectores de un mismo libro suelen compartir algo, tienen en común una forma de sentir, un objetivo o un estilo. Me gusta decir la frase de «que mis libros lleguen a quien tengan que llegar», así, sin más, restándome la presión que a veces impone la profesión, o yo misma, para vivir mi proceso creativo desde la libertad, la conexión con mi alma y el amor; desde ahí escribo. Me libero de expectativas, presiones y deberes, para crear en mí ese mundo de magia en el que puedo ser, en el que todo ya es, y compartirlo contigo.

La magia de los libros nos recuerda que la vida puede ser más bonita, y tú también.

Tú eres magia también cuando te dejas llenar por la magia de los libros.

Tú eres
la obra maestra
de tu alma.

LA OBRA MAESTRA DE TU ALMA ERES TÚ

Eres el artista que crea tu propia vida,
no regales tu pincel a nadie.

Tienes una vida por delante para ser tú. Un camino con muchos pasos y más oportunidades para crear cada día tu mejor versión. Creer que puedes te ayudará a hacerlo, permitirte hacerlo te ayudará a derribar los muros que te impiden llegar a ti. Es un ciclo perfecto que te lleva al mayor objetivo de tu vida: al encuentro contigo.

Quizá hemos venido a eso y nos estamos entreteniendo demasiado.

En algún momento tienes que mirarte, cuidarte, reparar tus heridas, y amarte. No puedes escapar de ti misma.

«Todo está dentro de ti; todo surge y desaparece, pero quien despierta, lo hace para siempre», dijo Buddha. Mirar hacia fuera no distrae, nos mantienen con la atención en miles de objetivos diferentes demasiado tiempo. Estudia lo que sea. Te enseñan lo que tienes que pensar. Lo que debes creer. Cómo ser, porque cómo eres no es adecuado. Deberes. Exigencias. Expectativas. Obligaciones. Entretenimiento. Adicciones. Todo lo que hay alrededor en tu vida te aleja de ti.

Vivimos en un mundo diseñado para distraerte del único objetivo verdadero que trajimos cuando llegamos a este plano: ser la obra maestra de tu alma. Permitirte crecer, evolucionar, expandirte, conectar contigo, conocerte, amarte, amar. Todo lo demás es atrezo ocupando el papel protagonista, porque hemos olvidado la historia, el objetivo y el final.

Eres un ser creativo existiendo
en un universo creativo.
Eres una obra de arte divina.

Rick Rubin

Eres una obra divina, y tu camino aquí es recordar y experimentar para evolucionar. Cada experiencia dibuja un trazo en tu alma, creando la obra maestra y única que eres tú. Cada aprendizaje te expande y cada experiencia te ayuda a crecer.

Todo lo que hagas para ti y tu evolución es parte de tu propósito. Aprender, recordar, vivir, experimentar, disfrutar, conocer nuevos lugares, nuevas personas y formas expanden tu alma. Lo contrario la anestesia, la duerme, la apaga. Tu alma te llama a vivir lo que necesitas en cada momento de tu existencia. Cuando el alma te pida cambio, apertura y expansión, crea las circunstancias para ello. Cuando te pida soledad, tranquilidad y calma, también. Tu alma sabe qué necesita para seguir su camino de evolución, y solo hay que escucharla más y bajar el volumen a ese ruido externo que nunca nos deja oír lo importante.

Tú eres la obra maestra de tu alma.

Tu vida es tu obra maestra. La estela de tus mayores aprendizajes. La huella que dejas de tu paso por esta experiencia que es vivir.

Decía Sivananda: «Este mundo es tu mejor maestro. En cada cosa hay una lección. En cada experiencia hay una lección. Apréndelas y hazte sabio».

Tú eres magia cuando te permites ser la obra maestra de tu alma.

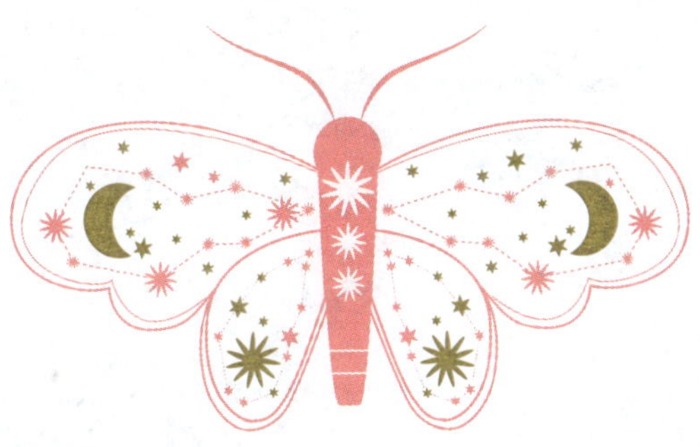

No eres un ser separado, sino el reflejo del universo y toda su magia.

Magia en Sarnath, Varanasi, India, donde Buddha por primera vez predicó el budismo.

LA MAGIA DE CONECTARTE CON LA DIVINIDAD

No eres un ser separado,
sino un reflejo del universo y toda su magia.

Existe magia en reconocer en ti la divinidad, en conectarte con ella y en reconocer el poder de la divinidad en ti.

Todo lo divino es mágico, por tanto, tú eres magia.

Siempre estamos siendo guiadas, bendecidas, sostenidas, siendo parte de un plan perfecto que es la vida en conexión con el todo, con ese algo más grande que nosotras mismas que no siempre vemos, pero a veces (ojalá más veces) podemos sentir. Todo, absolutamente todo, es parte de ese plan divino del que eres parte. Quién eres, dónde naciste, la familia que elegiste, tus vínculos, relaciones, llegadas y salidas de personas a tu vida, tus caídas, tus paradas, tus éxitos. Todo es parte de un círculo perfecto creado para ti. A nuestra mente racional le cuesta tanto comprender los pactos que hizo nuestra alma antes de llegar aquí que se tiende a rechazar la idea como la locura que verdaderamente parece. Pero en esta mirada la vida es una escuela, y cada reto un nivel que vamos superando en nuestra evolución como almas eternas e infinitas, donde no hay comienzo ni fin, solo camino.

Si la vida es una escuela, tú eres una aprendiz.

Eres la observadora consciente que sostiene su vida con amor.

No puedes olvidar en ese camino de aprendizaje el todo del que eres parte; la ola nunca olvida que es mar, aunque sea ola. Y ese, precisamente, es el mayor obstáculo que se nos presenta en ese camino de vida: la ruptura con la fuente. Se nos ha olvidado de dónde venimos, no reconocemos el origen, la fuente, la divinidad, olvidando por tanto también la nuestra. Solo cuando te reconectas con esa divinidad vuelves a tu centro, a ti. Reconocerlo fuera para verlo dentro.

También tu alma tiene un propósito divino. Estás aquí por algo, para algo, y con unos dones y talentos que se espera que pongas al servicio del mundo. Todo se alinea cuando te conectas a tu propósito divino; nada es casual. El universo conspira a tu favor cuando haces lo que has venido a hacer. El proceso se da fácil y van apareciendo los recursos y las personas que necesitas para que lo que tiene que ser, se dé. Solo tienes que sentirlo, creerlo y sentir que mereces la magia que la vida tiene para ti. Esto solo será posible si te sientes parte de esa magia, y no observadora de esa magia.

Eres el universo,
eres la divinidad,
eres la magia.

No hay errores en el plan perfecto divino. La forma en la que llegas y la forma en la que te vas. A veces doloroso e inesperado, por mucho que nos duela solo nos queda aceptar ese plan divino y confiar en el sentido. Todo es perfecto, aunque no podamos entenderlo. Ante lo más doloroso, confío en que tiene un aprendizaje para el alma que va más allá de lo que yo, con mi mirada humana, puedo entender. Para comprenderlo, aunque sea un poco, tengo que expandir mi conciencia, ensanchar mi mirada, ampliar la mirada contemplando ese plan divino perfecto al que no alcanzo a entender del todo. Pero sé que siempre está ahí.

Somos guiadas a lugares que tenemos que vivir, sentir, pisar, tocar. A personas que tenemos que conocer, conectar, sentir, enamorarnos, sanar vínculos, o cerrarlos. A experiencias que tenemos que vivir porque nos harán expandirnos o nos regalarán un aprendizaje que nos permitirá evolucionar. Saltos cuánticos. Evolución. Crecimiento. Expansión.

La magia de conectarte con la divinidad en ti te hará ser parte del plan perfecto divino del que ya eres parte sin que te des cuenta, haciéndote consciente de las conexiones, sincronías, resonancias, del plan de tu alma para seguir creciendo y expandiéndose. Estás aquí para amar, aprender, disfrutar, ser feliz, evolucionar y crecer. Que la vida llena de contratos, obligaciones y limitaciones que nos hemos inventado no te distraiga.

Tú eres magia cuando sientes la divinidad en ti.

Sé contigo y sé con los demás
desde tu verdad.
Decide desde tu corazón.
Vive desde la verdad de tu alma.

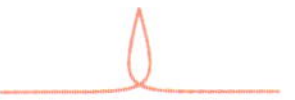

LA MAGIA DE LA COHERENCIA

La coherencia es la magia de vivir
sin contradicciones.
Es cuando lo que dices, piensas y haces están
alineados con tu esencia más profunda.

Deepak Chopra

Pensar-sentir-actuar.

Sentir-vibrar-atraer-manifestar.

Creer-crear.

Amar- Ser.

La magia de la coherencia se manifiesta en nuestra vida, en lo que somos, en lo que creamos, en lo que atraemos. Ponerle consciencia a lo que somos dentro es el secreto para crear fuera en la misma frecuencia.

Ser desde quien eres, desde lo que amas, respetar tu autenticidad. Hay magia en respetarte, en escucharte, en mostrarte desnuda ante ti misma y no caer en tus propias trampas ni en las trampas sociales.

Ser contigo y ser con los demás desde tu verdad.

Decidir desde tu corazón.

Vivir desde la verdad de tu alma.

De dentro hacia fuera. En ese equilibrio interno y externo no hay conflicto, no hay pérdida energética, no hay enfermedad. La cuesción es: ¿cuánto tiempo de nuestra vida vivimos en ese equilibrio? La coherencia es la vacuna a muchas enfermedades, el origen y el final de muchas decisiones, el camino que te lleva a ti. La magia de la coherencia hace que te ordenes por dentro, liberándote de pesos que no son tuyos, y te acerca a tu autoamor.

Reconoce tu poder divino y vive a través de él, desde ahí mira la vida, mira tus experiencias, mira tus relaciones y mírate a ti.

El propósito de nuestra alma aquí en la tierra es ser amor y ser luz, nuestro objetivo es vivir en paz; hemos encarnado para ser amor, no te olvides.

La magia de la coherencia se manifiesta cuando vives alineada con tus valores, esos que son brújula en tu vida. Se hace necesario conocerte, conocerlos y darles voz en tus decisiones y acciones para sentirte conectada de verdad, contigo. Si tus valores son tu brújula interna, cuando no actúas en coherencia con ella puede afectarte emocional y físicamente, y generarte enfermedad, malestar y, mantenido en el tiempo, depresión, por vivir una vida alejada de lo que de verdad eres. La coherencia te hace fuerte y la incoherencia te hace débil.

Sé libre siendo coherente.

Sé tú misma.

Con tu luz y tu oscuridad. Tu mirada, tus valores, tu esencia.

Con la libertad de no pretender ser quien no eres, porque no es necesario. Solo pretende ser tú, y descansa ahí. No necesitas parecerte a nadie. La magia de la coherencia está en integrar en ti todas tus partes para ser tú. Y eso te llena de paz, calma y orden interior.

El día que abrazas tu oscuridad te vuelves tú mismo.

No intento ser. Simplemente soy.

La más alta frecuencia de vibración llega cuando te aceptas a ti misma, cuando te sientes contigo, conectada a ti y en pleno equilibrio. Justo ahí es cuando eres consciente de que estás en tu centro. Cuando se alinean los chakras o centros energéticos, todo en ti fluye con facilidad, no hay estancamiento ni bloqueo, por tanto, es lo más parecido a la ausencia de enfermedad. Esa es la magia de la coherencia en tu cuerpo físico, energético, emocional y espiritual. En la medida que puedas, crea tu equilibrio y protégete de las situaciones y personas que te generan desequilibrio, aunque es parte de la vida vivir esos procesos. La clave a incluir en tu vida desde este momento es el respeto a ti, proteger tu equilibrio y tu coherencia y no estar disponible para todo lo que te altere o te afecte negativamente. NO tienes que estar disponible para todo ni para todos, y SÍ puedes querer cuidar y proteger tu equilibrio y está bien.

El alma no se equivoca,
ni el viento que sopla en las ramas del árbol.
Hay una coherencia en el fluir del río
que nunca duda de su destino.
Así también, el ser humano,
cuando es fiel a su propio ritmo,
se convierte en un reflejo del universo que lo guía
sin resistencia.

Rainer Maria Rilke

Tú eres magia cuando cuidas la coherencia
y el equilibrio en tu vida.

MAKTUB

estaba escrito

Lo que está destinado a suceder siempre encontrará una forma mágica de manifestarse

Cosmovisión inca en Ñaupa Iglesia, Perú.

LA MAGIA DE SABER QUE ERES MAGIA

No busques fuera lo que está dentro de ti.

Rumi

Magia es reconocer que todo lo que ves y experimentas está conectado a una fuente universal que genera nuevas posibilidades en cada instante. Tú también eres una manifestación de esa fuente. Cada pensamiento, cada emoción que sientes, está creando una realidad que, de algún modo, tú estás cocreando con el Universo. El Universo entero está dentro de ti. La energía que fluye a través de ti es la misma energía que fluye a través de todas las cosas. Tu cuerpo, tu mente y tu espíritu están conectados con esa vibración universal, y cuando aprendes a sintonizarte con esa energía, te vuelves capaz de crear y transformar tu realidad. La magia de saber que eres magia es entender que no hay separación entre tú y el Universo. Lo que piensas, lo que sientes, lo que deseas, tiene el poder de influir en tu realidad, porque todo está interconectado.

Eres una semilla estelar. Parte del todo, del cosmos, de la divinidad. Eres energía pura, milagro y polvo de estrellas. Llevas la luz de las estrellas y la sabiduría ancestral en ti. Confía en tu esencia divina y deja que te guíe a lo más alto de tu camino. La energía ancestral fluye en ti, despertando tu poder para conectarte, sanar, manifestar y alinearte con la energía divina.

Eres un espíritu infinito,
un alma eterna,
semilla estelar,
parte del cosmos,
divinidad
una parte del Todo.
Eres el Universo,
conciencia pura,
energía,
milagro,
semilla cósmica,
amor puro,
creadora de tu realidad.

Y estás encarnando aquí, en tu cuerpo, tu piel, tu corazón, tus manos, para vivir una experiencia única y convertirla en un aprendizaje precioso que te permita elevarte al siguiente nivel. Solo es un juego, una experiencia, una oportunidad para probar, explorar, experimentar, y crecer, que a veces lo tomamos demasiado en serio porque se nos olvida que estamos jugando y experimentando (esto también es parte del juego).

Siempre estás siendo sostenida por el universo porque eres parte del universo, y cuando eres capaz de verte a ti misma como la magia que eres, todo se alinea. La presencia siempre te mantiene conectado con la magia.

Un amigo poeta, Francescoli, escribió en un verso, «a veces es el pájaro quien lleva la jaula dentro». Necesitamos recordar nuestra libertad sagrada y divina, siendo parte de la magia del Universo. Nuestro poder para ser sanadores de nosotros mismos, sanadores conscientes, conectando alma y cuerpo, mente y corazón a través del puente mágico del 5.° chakra y permitirnos sentirlo todo, decirlo todo, y callar cada vez menos. Saber que hablar sana y callar mata. Recordar que sentir nos llena de vida y los bloqueos emocionales nos alejan de ella. Necesitamos recordar que somos en esencia libres y que podemos volver a aprender a relacionarnos con esa libertad desde el amor a nosotros mismos y a la humanidad.

La magia de saber que eres magia es liberar las ataduras de las creencias que te limitan y abrirte a la posibilidad infinita. Es el reconocimiento de tu verdadera naturaleza, de tu conexión con todo lo que existe y de tu capacidad para hacer maravillas en este mundo solo con tu amor y tu luz. Cuando lo entiendes, todo cambia: el mundo deja de ser un lugar lleno de obstáculos y se convierte en un escenario donde cada paso que das está lleno de diferentes posibilidades.

Tú eres el universo en movimiento.
Lo que tú piensas, lo que tú eres,
es todo lo que existe en este universo.

Wayne Dyer

Tú eres magia cuando recuerdas que eres parte de la magia del universo.

Doble arcoíris en Machu Picchu, Perú, 2024.

LA MAGIA DEL SOL Y LAS ESTRELLAS

Una vez que descubres la magia mirando hacia arriba jamás volverás a conformarte viviendo solo abajo.

Newgrange en Irlanda, *Stonehenge* en Inglaterra, *Karnak* en Egipto, el templo *Mnajdra* en Malta, el dolmen *Menga* de Antequera, la pirámide de *Teotihuacán* en México. Todos ellos fueron construidos para estar conectados con la más grande de las estrellas: el sol. En momentos especiales de su transición, como el solsticio de verano o de invierno, el sol toma una posición mágica en estos lugares (y en muchos otros) creando dibujos, iluminaciones especiales o integrándose en la arquitectura como una parte más.

Construcciones como las pirámides de Giza o Göbekli Tepe en Turquía están alineados con las estrellas, con las constelaciones, de una forma tan exacta que nos da certeza de que esa información vino de otro lugar o cultura avanzada para ese tiempo. Merece especial mención el «pilar 43» de Göbekli Tepe, con la exactitud de la representación de la constelación de escorpio, y las pirámides y templos orientados a estrellas en particular, como Orión o Sirio. Toda una incógnita que nos hace mirar aún más al cielo.

La vida vista así es mágica. Cuando levantamos la mirada y miramos el cielo, el sol y las estrellas, podemos saber que no estamos solos y que todo es posible. Que nada empieza y nada acaba, y que conocemos menos de lo que nos gustaría. Y está bien. Abrirnos a la posibilidad, a lo desconocido, nos hace ser parte de esa magia.

Ahí recordamos que también nosotros somos estrellas, semillas estelares con una misión, una vida a experimentar y mucho que aprender para evolucionar. Que somos magia porque venimos de la magia. Que somos divinidad porque somos parte de la divinidad.

Contemplar la vida mágica a través de las manifestaciones de la naturaleza, el cielo y el universo en la tierra, nos reconecta con el todo, con el lugar de donde venimos. Como cabos sueltos que encuentran su orden, como cuando la ola avanzada en la orilla vuelve a difuminarse en el mar. Así sentimos cuando nos conectamos con el sol, cuando nos sumergimos en el agua del mar, cuando nos perdemos entre los árboles o cuando miramos las estrellas. Ojalá pudieras hacerlo más para recordar(te) más, y sentir(te) más.

Cada estrella,
cada hoja,
cada gota de lluvia,
lleva consigo un misterio
que no hemos de descifrar,
solo sentir en nuestro corazón.

Mary Oliver

Justo hoy, cuando estoy escribiendo esto, es solsticio de invierno. 21 de diciembre, fecha en la que para mí, como en muchas culturas y tribus del mundo, termina energéticamente el año y comienza otro. Antiguamente era así, hasta que el calendario gregoriano lo modificó al 31 de diciembre para que encajara mejor. El solsticio son momentos de inflexión energética donde lo viejo da paso a lo nuevo, por ello se celebra la muerte y el renacer: de energía, de ciclos, de proyectos, de vida. Es momento de agradecer y cerrar, y de decretar y abrirse a lo que está por llegar. Te invito a que, en adelante, trasciendas las fechas marcadas por la sociedad como final de año, y te conectes con la fecha que marca la naturaleza. Vive esos días a tu manera, honrando la Madre Tierra, tu conexión con la naturaleza, el sol y la vida. Los solsticios normalmente son el 21 de junio y el 21 de diciembre. Esos días, además, puedes vivir la magia con más fuerza si te conectas con lugares donde se celebra especialmente, como Stonehenge, Karnak o Newgrange (algunos los puedes ver en directo online). Un espectáculo. Es un proceso precioso de adoración al sol en sus manifestaciones, como si ese día el sol bajara y acariciara algunos lugares especiales para recordarnos que siempre está con nosotros (*Inti* para los Incas).

En una entrevista un egiptólogo contaba así la magia del sol en la arquitectura de Abu Simbel, que el 22 de febrero y el 22 de octubre (antes de cambiar de lugar el templo era el 21) ilumina la gran figura de Ramsés II. Le preguntaron cómo describiría el momento mágico al que acuden unas seis mil personas cada vez, y decía:

Es un momento Impactante. Todo el mundo espera fuera y, al amanecer, hay un momento en el que las puertas del templo se abren de una forma ritualizada. Cuando el sol aparece por el horizonte, se hace un gran silencio. El sol es de un color anaranjado muy intenso y va iluminando los dinteles y las columnas del interior. Lo que más me impresiona es, por un lado, esa mecánica del astro solar y, por el otro, el silencio que se crea. La gente entra como en un estado de magia.

No hay nada en la creación que no tenga magia.

La magia siempre está en los ojos del que mira.

La magia de recordar que no estamos solos, que nunca lo hemos estado.

Tú eres magia cuando aprendes a mirar
y te conectas con la magia del universo.

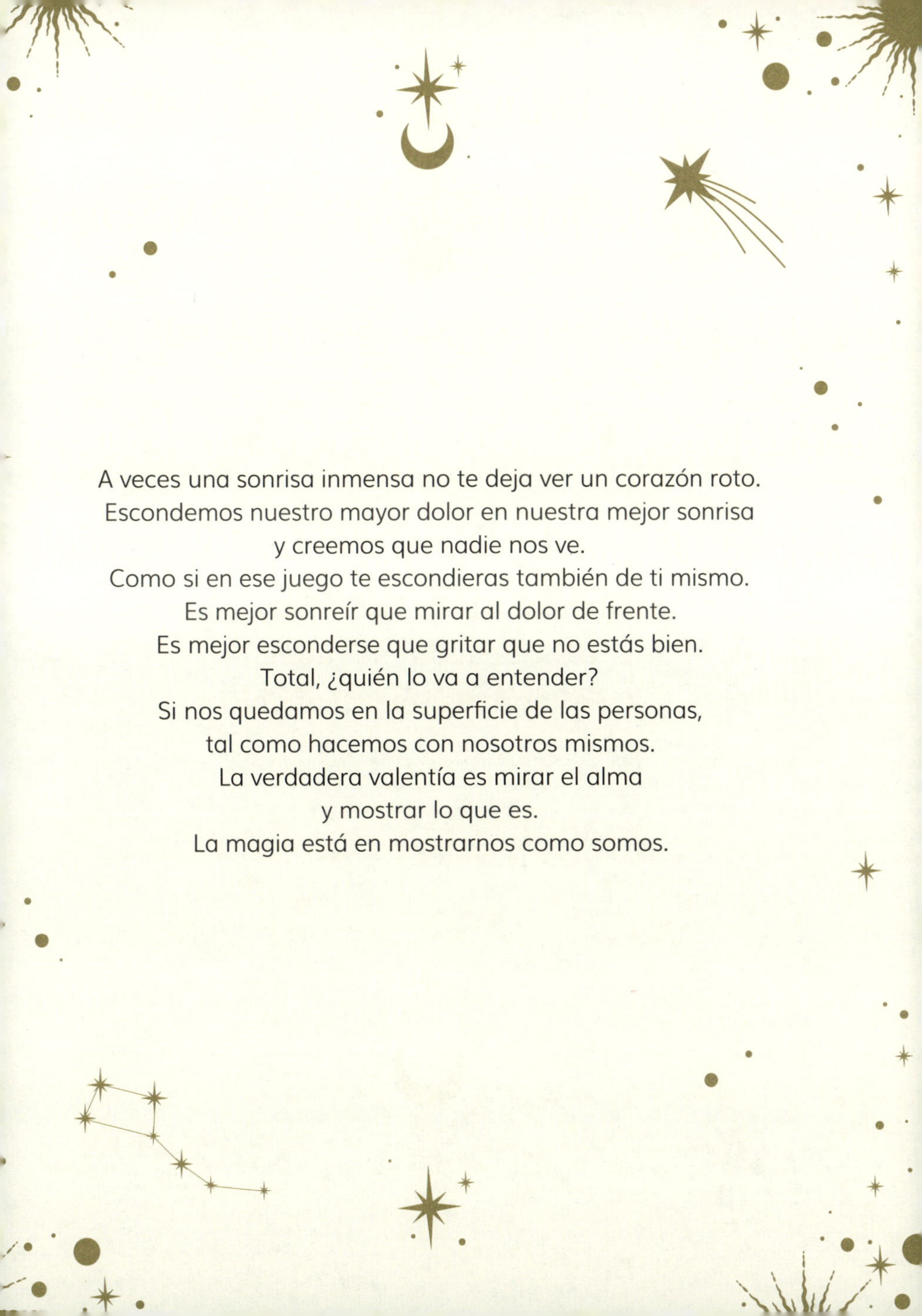

A veces una sonrisa inmensa no te deja ver un corazón roto.
Escondemos nuestro mayor dolor en nuestra mejor sonrisa
y creemos que nadie nos ve.
Como si en ese juego te escondieras también de ti mismo.
Es mejor sonreír que mirar al dolor de frente.
Es mejor esconderse que gritar que no estás bien.
Total, ¿quién lo va a entender?
Si nos quedamos en la superficie de las personas,
tal como hacemos con nosotros mismos.
La verdadera valentía es mirar el alma
y mostrar lo que es.
La magia está en mostrarnos como somos.

Cuando el dolor llega,
el corazón se abre
y la compasión florece.

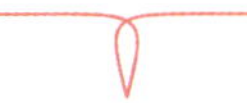

LA MAGIA DE LA COMPASIÓN

Cuando veas a alguien que está sufriendo, mándale amor. Aunque no lo conozcas. Aunque no sepas quién es ni por qué sufre. Mándale amor. El amor es la energía que lo mueve todo, y la intención de amor que le pones genera un cambio en la energía que le llega. Si todo el mundo hiciera eso a la vez, el mundo entero vibraría en la más alta frecuencia para la que hemos sido creados.

La compasión es el amor en acción, es lo que nos lleva a ayudar a los demás sin juzgar.

Pema Chödrön

Decía Buddha: «Puedes buscar en todo el Universo y no encontrar un solo ser más digno de amor y compasión que el que está sentado aquí: tú mismo. La autocompasión y el perdón a ti mismo no son debilidades, sino las raíces de nuestro coraje y magnanimidad».

Me gusta cómo el budismo enfoca la compasión y cómo nos enseña a amar al prójimo y a desear la liberación de su sufrimiento. El concepto del amor compasivo se describe a través de las palabras *maitri y anukampa*. Es decir, hay una compasión activa y una pasiva. *Maitri* indica un sentido de compañerismo con los demás y contigo (Autoamor) y *Anukampa*, una profunda empatía que nace al encontrarnos con el sufrimiento y que da lugar a la acción.

Compasión es no querer que los seres sintientes sufran. Todos los seres sintientes del planeta. *Karuna* es la intención y la capacidad de aliviar el sufrimiento, la intención y la capacidad de aliviar y transformar el sufrimiento y aliviar las penas. Los budistas también aprenden y practican *metta*, que significa mostrar bondad amorosa a todos los seres vivos y ayudarlos a no sufrir daño.

Cuanto más se profundiza en la magia de la compasión, más amplia y bella es. Quiero compartirte algunos tipos de compasión que destacan los budistas especialmente, ya que son a los que más atención les han dado.

- ✧ Compasión hacia uno mismo: aceptación y cuidado de nuestras vulnerabilidades, cultivando el amor y el perdón hacia nosotros mismos.
- ✧ Compasión activa: acciones conscientes para aliviar el sufrimiento.
- ✧ Compasión imparcial: amor y empatía por todos los seres sin discriminación.
- ✧ Compasión por el sufrimiento: abrazar y conectar con el sufrimiento ajeno sin huir de él.
- ✧ Compasión con atención plena: actuar con conciencia y presencia en cada momento.
- ✧ Compasión en el corazón de la interconexión: reconocer nuestra interdependencia y actuar en consecuencia.

Es la magia de ayudar a otros mientras te ayudas a ti mismo: la sostención comunitaria. Todos somos uno. Todos nos apoyamos, nos cuidamos, nos impulsamos, nos sostenemos. No hay competición, no hay diferencias; ganamos todos. Es una filosofía comunitaria muy en la línea de las comunidades esenias, en las que cultivaban, trabajaban y generaban alimentos y recursos para todos en igualdad, sosteniéndose en lo físico, espiritual y afectivo y donde reinaba la paz y la bondad. En nuestro tiempo se torna complicado, como reflejan las palabras del monje Phakchok Rinpoche: «La única vez que puedo tener compasión pura es cuando estoy libre del ego». Nuestra sociedad actual tiene más de ego que de compasión, diría que en proporciones de 80-20. Pero cada día podemos proponernos hacerlo diferente, hacerlo mejor, mirar al de al lado y vivir con más amor y compasión.

La compasión es como un espejo. La compasión es el reconocimiento de que, así como yo sufro, otros también sufren. Es una comprensión (más allá del intelecto) de que la naturaleza de mi sufrimiento y el sufrimiento de los demás es la misma.

La compasión es la forma en que Dios se revela,
la forma en que el alma humana
se entiende a sí misma.

William Blake

Tú eres magia cuando te abres al amor del mundo desde tu amor y la compasión.

Magia en el templo de Abu Simbel, Egipto, 2024.

Que el miedo a lo desconocido
no te impida ver la magia
que la vida te muestra.

LA MAGIA DE LA BONDAD Y LA GENEROSIDAD

Tu sonrisa tiene el poder de hacer más bonita la vida de las personas con la que te cruzas.

Ser generoso es dar y compartir lo que tienes y lo que eres sin esperar nada a cambio. Ser bondadoso es pretender hacer el bien, realizar acciones que hacen bien a otros. Ambas palabras crean magia, porque crean un mundo más bello, menos difícil y con más amor.

Contribuir a un bien mayor que nosotros mismos está alineado con la percepción de felicidad, es decir, sentir que ayudamos nos hace más felices. Podríamos hacerlo más, no ya por la felicidad que nos genera, sino por el hecho de contribuir, ayudar, aportar.

Una vez leí que no existen los actos pequeños de bondad, porque cada pequeño acto genera una onda expansiva en el mundo, sin límites. Me gusta pensar que el mundo lo mueve el amor, y, dentro del amor, la energía de la bondad, la ayuda y la generosidad. Y el mundo necesita más de eso. ¿Imaginas cómo sería el mundo si todos llevásemos a cabo un acto de bondad y generosidad al día? Solo uno. El mundo cambiaría completamente.

Cuando alguien tiene un acto de bondad o generosidad contigo, cambia algo. De alguna forma tu alma se expande y tienes más fe en el ser humano. A veces la perdemos, porque nuestra vida rápida nos permite poco mirar alrededor y ver lo que le pasa al prójimo. Pero en un momento inesperado, te encuentras con la bondad de frente: una palabra, una mirada, un acto generoso... y la energía que mueve tu mundo cambia completamente. Qué bonita es la vida desde ahí.

Yo quiero crear ese acto de bondad y generosidad que te ayude a expandirte y a creer en el ser humano. No siempre, no todo el tiempo, pero siempre que pueda, y cada vez más. Por muy pequeño que creas que sea, puede hacer más bello el mundo. Mi hija me dice que debo ser la única persona que saluda expresamente a los vigilantes de seguridad de los comercios y les da las gracias. Lo hago conscientemente, así como a las limpiadoras y a los que parecen invisibles dentro de nuestra vida rápida. Me gusta darles su lugar, agradecerles su trabajo, hacer que se sientan vistos.

La generosidad como fortaleza se refiere a la disposición de compartir nuestros recursos (tiempo, dinero, energía, talentos) con las personas. Se basa en el deseo de beneficiar a otras personas de forma altruista, más allá de esperar una reciprocidad o un beneficio personal. La magia de la generosidad se revela cuando te compartes con el mundo. No hay nada más generoso que dar todo lo que eres, lo que sabes, y compartirlo con el mundo. Cada vez que creas algo y lo entregas al mundo, estás siendo generosa. Cuando atiendes a un cliente con todo tu cariño y atención, estás siendo generosa. Yo también siento que cuando escribo mis libros y te comparto lo mejor de mí, estoy siendo generosa. Es algo que puede parecer muy poco, pero es mucho.

Las investigaciones dicen que la sensibilidad interpersonal, la identificación y la empatía tienen una relación directa con la generosidad; es decir, somos más generosos cuanto más identificados nos sentimos con la persona o situación (Genevsky, 2013) y además sabemos que realizar actos de generosidad nos hace sentir más felices (Taylor, 2017). Lyubomirsky, King y Diener (2005) ofrecen una serie de propuestas para que la generosidad tenga un impacto significativo en el bienestar personal:

- Hacer más: hacer un poco más de lo habitual que ya venías haciendo.
- Equilibrio: encontrar tu propio equilibrio entre dar y recibir.
- Hacerlos a la vez: hacer diferentes actos de generosidad en un único día, para impactar en la percepción de que estás aportando algo diferente.
- Innovar: practicar la generosidad de diferentes formas. ¡Hay miles!

¿Cuáles podrían ser tus actos de bondad y generosidad hoy? Pueden ser pequeños, muy pequeños, gratuitos, afectivos, económicos, de presencia, de apoyo o materiales. Crea tu propia lista, todo lo que puedes hacer y aún no sabes.

Recuerda activar la generosidad y la bondad desde el amor y no desde la expectativa o la apariencia, porque hacerlo llenará tu corazón y contribuirá a que vivas una experiencia mágica, desde y con amor. Gracias por crear juntos un mundo más bello.

Tú eres magia cuando activas la magia de la bondad
y la generosidad en ti, contribuyendo a hacer
más bonito el mundo.

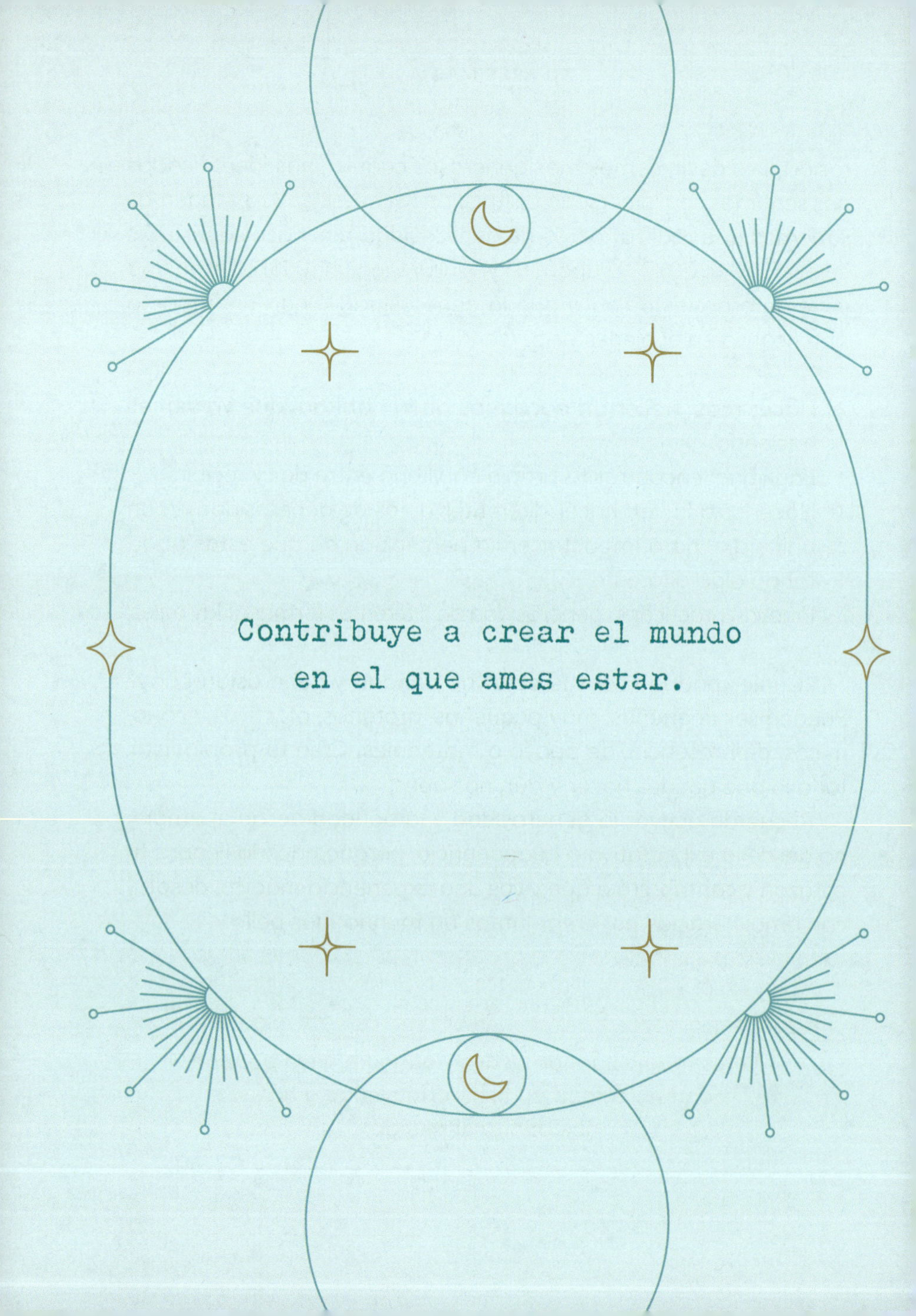

Contribuye a crear el mundo
en el que ames estar.

LA MAGIA DE MANIFESTAR LO QUE QUIERES

La magia no se puede ver
si la miras con dudas.

Ambkor

Que tus sueños siempre puedan más que tus miedos.

La primera vez que pensé en escribir un libro, alguien me dijo: «¿Dónde vas? ¿Quién eres tú para escribir un libro?», y lo dejé. Tenía catorce años y diez páginas escritas en máquina de escribir. Eso me pasó por contar mis sueños a quien no cree ni en los suyos. Para volverlo a intentar tuvieron que pasar casi veinte años desde ese día. En este momento, también alguien me dijo: «¿Quién eres tú para escribir un libro?». Esa persona era yo misma. Y mis miedos. Esos que todos tenemos y a veces nos alejan de los sueños por no fallar.

Me centré en dar voz a lo que sentía dentro, y a bajar la voz de «eso no es para mí», que a veces grita tan fuerte.

Empecé a escribirlo y no se lo dije a nadie. Mi deseo se hizo realidad cuando elegí escucharme a mí, y solo a mí. No busqué aprobación externa, ni que alguien me entendiera. Solo a personas que sabía que iban a apoyar mi sueño, porque ellas también tenían los suyos.

Recuerdo que la primera página la escribí el día que terminaba el año 2012. Quise cerrar un año materializando la primera hoja de un sueño, quizá para creerlo yo. Así nació, en 2013, mi primer libro *Quién eres tú*, y comencé a creer en la magia de la voz interna que todos tenemos para hacer nuestros sueños realidad. Y ahora tú, ¿cuáles son tus sueños? Es el momento de creer en ti.

Lo único que se requiere de ti es que creas.

Neville Goddard

Si pudieras desear algo en este momento y nada fuera imposible, ¿qué sería? Si realmente no necesitaras nada y tuvieras todo en tu vida cubierto, ¿qué desearías hacer?

Así como piensas, sientes.
Así como sientes, vibras.
Así como vibras, atraes.
El universo no registra palabras,
registra energía.

Parece fácil, pero el mundo de los deseos, la conexión con lo que quieres y la manifestación de lo deseado en tu realidad es de todo menos fácil.

Estamos programados para creer pequeñito. No me permito desear algo grande, porque yo misma no lo veo posible. Tampoco intento algo grande, porque yo misma no creo que vaya a hacerse realidad.

Por tanto, y sin darnos cuenta, nuestros deseos, desde el momento en el que son imaginados, ya nacen limitados, pequeños y casi sin posibilidades. Impresiona esta reflexión, ¿verdad? Es como si dieras vida a algo y, antes de crearlo, ya le hubieras quitado la validez y las posibilidades.

Sí, es triste.

Pues eso hacemos con nosotras mismas.

Es posible aprender a pedir deseos, a conectarnos con nuestro poder de creer, de crear y de manifestar. Sin prisa, sin pausa, sin exigencias, a tu ritmo, con pequeños cambios, que te hagan ver cosas diferentes en tu vida. Y de pronto, al ver manifestado algo que has deseado, te invita a creer todavía más en ti y en tu magia interior.

Alinéate con la energía del universo: sintoniza su frecuencia.

Sé consciente de tu poder interior: todo está en ti.

Siente, piensa, actúa como si ya lo estuvieras viviendo.

Sana y libera esas limitaciones en forma de creencias que te hacen sentir que no mereces o que no es para ti. Mereces todo lo bueno que la vida tiene para ti.

Conéctate a la frecuencia de la abundancia y la gratitud.

Me encanta el enfoque que nos aporta Neville Goddard, reivindicando siempre el poder de nuestra mente en la manifestación y de la creencia inquebrantable en la realidad de nuestros deseos, como si ya los estuviéramos viviendo. Según Neville, la mente crea la realidad y todo lo que necesitas hacer es alinearte con la certeza de que ya es tuyo. Sus libros cambiaron mi forma de entender el poder de la mente y la realidad deseada. Quiero compartirte algunas claves que me parecen esenciales de su obra:

- Imagina lo que deseas como si ya fuera real: la clave para manifestar es imaginarte a ti misma en la situación que deseas lograr, de forma tan vívida y detallada que la mente no distinga entre lo real y lo imaginado. Creer que ya es tuyo, como si ya estuvieras experimentando esa realidad.

- La sensación de certeza: lo que deseas ya ha ocurrido. No se trata solo de pensar que lo deseas, sino de vivirlo en la mente como algo que ya está sucediendo en este momento. La convicción interna es la que crea la realidad externa.

- La conciencia de ser: no puedes manifestar algo que no sientes que mereces o que es parte de tu ser. La clave está en asumir la conciencia de ser que corresponde a la versión de ti que ya ha logrado lo que quieres. Aquí es donde más nos perdemos, porque choca con las creencias inconscientes sobre el merecimiento.

- Actuar «como si»: Neville nos invita a actuar como si ya estuvieras viviendo la vida que deseas. Esto significa que tus pensamientos, palabras y acciones deben alinearse con la realidad que estás creando. En lugar de esperar a que las circunstancias cambien para actuar, actúa según la realidad que ya imaginas (cuando y como sea posible, claro).

- El poder del ahora: Neville creía que el presente es donde todo ocurre. No importa cómo de lejos veas tu deseo, la clave es sentirlo y vivirlo en el presente. El futuro no existe en realidad, solo el ahora, por lo que manifestar lo que deseas significa experimentar esa realidad *ahora mismo*.

Además de vivir conectadas a la gratitud y al merecimiento (que es la llave de la abundancia), es importante activar durante todo el proceso la confianza y la paciencia. La manifestación es un proceso de confianza en la vida, sintiendo en ti la certeza profunda de que lo que has pedido está en camino, incluso cuando no lo ves de inmediato. La fe es creer sin ver. La paciencia es clave mientras todo se alinea.

Manifestar requiere un cambio importante en el *mindset*, en las estructuras aprendidas, en la forma de ver, sentir, pensar, actuar, mirar, desear, querer. Es una evolución hacia el infinito, cuando te conectas con la magia que la vida pone a tu disposición para que lo tengas todo. Y recuerda que cada obstáculo es la vida preguntándote de nuevo cuánto quieres eso que quieres.

Confía.

Tú eres magia cuando crees en tu poder
para manifestar lo que deseas.

Atardecer en Stonehenge, Reino Unido, 2024.

LA MAGIA DE SENTIR TU DESEO COMO SI YA FUERA CIERTO

Cuando quieras saber cuáles son tus sueños, cierra los ojos y escucha a tu corazón: siempre sabe el camino.

Una de las claves de conectarte con los deseos es sentir el deseo. «Sentir es el secreto». Creo que se habla poco de esto, quizá no conviene mucho que el mundo conozca todas las claves de los deseos, porque entonces seríamos conscientes de que tenemos poder sobre nuestra propia vida, y seríamos menos manejables. Y al mundo no le interesa que tengamos poder y libertad. Nos prefieren dóciles y desconectados. Lo bonito es que tenemos información disponible para crear una vida llena de magia y de nosotros mismos, y cualquier momento es el momento perfecto.

Ante esa capacidad para desear o formular los deseos, nos encontramos con varias dificultades. Te invito a descubrir cuál de ellas te representa más en este momento:

- Me cuesta desear.
- Me cuesta concretar el deseo.
- Me cuesta sentir que merezco lo que deseo.

- Me cuesta creer de verdad en eso que deseo.
- Me cuesta hacer en la dirección de lo que deseo.

Es importante atender a todos los pasos y saber dónde no te estás apoyando lo suficiente.

¿Qué deseas? Si tuvieras la certeza de que el universo te va a decir SÍ, ¿qué pedirías?

Desde ese lugar de certeza y apertura a la posibilidad, te invito a desear como si ya fuera real (de hecho, lo es). Y confiar en que eso que deseas se te dará.

Recoge Neville Goddard que la clave del deseo está en elevarte al nivel de lo que deseas, declarando que ya eres eso que deseas ser, y ya se ha manifestado eso que deseas.

Tener/crear. Creer ser para SER. Algo así como:

Soy lo que deseo.
Siento en mí lo que deseo.
Vivo como si ya lo tuviera.

Cuando nos permitimos querer algo, desear algo o soñarlo, a veces se queda en el plano de la mente. Ese quiero algo o deseo algo hay que bajarlo en ese ejercicio de *neckdown* al plano del corazón. «Pensar el deseo» es de la mente, y la necesitamos para saber qué queremos. La manifestación de deseos necesita de tu energía, y esa energía sale del corazón. Es un ejercicio precioso en el que vamos a necesitar mente y corazón en el mismo sitio. Quizá te ayude preguntarte para qué quieres eso que quieres.

Igual en tu respuesta hay algo que te sorprenda, porque viene de tu corazón.

Pide un deseo.
(...)
Ahora cree que lo mereces.

Te cuento aquí un ejemplo real de mi vida. Como sabes tengo 10 libros (este será el número 11) y todos han ido muy bien si tenemos en cuenta toda la oferta de libros de desarrollo personal y que yo no soy una persona conocida. Cuando escribí *365 citas contigo*, en 2018, sentí que era un libro muy canalizado. Es decir, los textos que puedes encontrar en él me salieron del alma, sin apenas poner mente, como de una conciencia común. Por eso cuando los lees, sientes que son para ti. Al acabar el libro, en febrero, me senté a hacer mi lista de deseos ese año, y escribí en presente: «Mi libro llega a miles de corazones en el mundo». Algo ambicioso, ese libro, al igual que los anteriores, iba a publicarse en editorial Alienta, un sello de Planeta, y solo en España. Mi libro salió el 4 de junio de 2018 y el 10 de junio me comunicaron que, por primera vez, la filial de México se había interesado en mis libros y que harían su propia edición mexicana. Magia. A día de hoy, ese libro es best seller allí, y personas de todo el mundo lo tienen: México, Perú, Chile, Argentina... Hoy lleva diecisiete ediciones y siempre está en el top ventas de la editorial. El mundo hace magia y yo nunca dejo de sorprenderme.

Por favor, desea fuerte, desea con tu corazón, cree en lo que deseas, y cree en ti. Mereces todo lo que deseas, si ese deseo sale de tu corazón y tiene un para qué significativo para ti.

Tú eres magia cuando deseas creyendo fuerte que lo mereces.

LA MAGIA DE PEDIR UN DESEO EN 5 PASOS

1. Cierra los ojos. Conéctate con tus deseos. Siéntelos en tu corazón y visualízate viviendo eso que deseas. Mírate viviendo eso que quieres, consiguiendo eso que anhelas, siente en ti la felicidad de haberlo conseguido. Sí, sonríes.

2. Ahora vamos a materializar. Haz una lista de 3 deseos. Manifiesta claramente y por escrito eso que deseas. Puede ser cualquier cosa que quieras lograr, hacer o ser en tu vida. En positivo, en presente, te invito a hacerlo desde el «yo soy», «yo tengo» o «estoy viviendo x».

3. **Conéctate un poco más profundo y descubre para qué quieres lo que quieres.** Identifica con qué emoción se conectan esos deseos. Felicidad, amor, ilusión, alegría, plenitud, calma. Te invito a incluir la gratitud en esas emociones, la gratitud por sentir que lo consigues, que ya es, que se manifiesta eso que anhelas.

4. Elige uno de esos deseos, al que, en este momento de tu vida, quieras darle más fuerza. Conéctate especialmente con él. Escríbelo en un papel, en el centro de la hoja. Escribe afirmaciones alrededor para ese deseo en presente y en positivo. Puedes hacerlo así: «Me siento capaz y elijo crear esto que quiero», «La vida me regala esta experiencia», «Me siento agradecida por vivir este deseo». Las afirmaciones te ayudan a creer más lo que quieres, y a crear esa realidad en ti.

5. Escribe tus afirmaciones también en notas de papel adhesivas y ponlas por tu casa: en el espejo del baño, en el ordenador o en la cocina. Para que cada vez que las veas, se reafirme el deseo y creas más en que lo mereces y que es posible.

Nunca subestimes el poder de tus palabras, el poder de tu mente, y el poder de tus deseos para manifestar lo que crees real en tu vida. Nunca dudes de ti, de tu poder creador, del poder de tu mente y tu alma para crear realidades, creyendo en ellas, y del poder de tu corazón para atraer a tu vida lo que de verdad desea. El mundo, ahora más que nunca, te necesita creyendo en ti, poderosa y valiente y, sin darte cuenta, cuando crees en ti, eres inspiración para otras personas.

P.D.: Probablemente hoy estás
viviendo algo
que un día soñaste.

LA MAGIA DE VIVIR LO QUE ES

Estuve paseando con un amigo (y su perrita) y me contaba con mucha consciencia el momento que estaba viviendo. Resulta que, tras treinta años en una empresa, lo cesaron y un año después aún seguía sin encontrar su sitio. Tiene cincuenta y cinco años. Parecía tranquilo con la situación, aunque, a ratos, en sus explicaciones, podía entrever pinceladas de culpa, sentimiento de insuficiencia y de ese «estar perdido» que tantas veces nos visita. Yo lo observaba mientras contemplaba el mar, lo escuchaba mientras sentía el sonido de las olas y seguíamos caminando. La perrita, bastante mayor, se paraba continuamente y no quería caminar.

Durante ese paseo fuimos conscientes de lo afortunados que éramos de estar un jueves cualquiera a las 11 de la mañana paseando por una playa salvaje en invierno, en comunión con la naturaleza, y disfrutarlo. Y en medio de frases como «aún no he encontrado trabajo» o «aún no me han salido los proyectos que iban a salir», le dije: «Recuerda que en este momento estás viviendo la vida que un día pediste».

Silencio.

Menuda frase. Te la regalo a ti también, me la regalo a mí también.

Cuando estamos trabajando queremos tener vacaciones, tiempo, días libres. Cuando estamos sin trabajo olvidamos disfrutar esos momentos y queremos trabajar en lo que sea para salir de esa situación. Esa necesidad de vivir justo lo contrario a lo que es nos acompaña toda la vida y siento que nos aleja de nosotros mismos y de la vida, todo el tiempo.

La magia de vivir lo que es nos llena de vida, de presencia y de gratitud.

«Qué suerte tengo de poder estar trabajando, y pronto podré descansar y tener vacaciones». «Qué suerte tengo de poder estar aquí, en este momento, escribiendo este libro para ti, con todo mi ser, y pronto podré tener más tiempo disponible para descansar o pasear». «Qué suerte tengo de que la vida me haya regalado un periodo de descanso, con un despido, una ruptura, un cese voluntario, o una transición profesional». Si probáramos con un «voy a vivirlo porque todo pasa» todo sería más fácil, más intenso, más vivido, más de verdad.

Y también estos tiempos que nos regala la vida, «tiempo entre los tiempos que te contaba en *Confía*, me invitan a hacerme una pregunta que comparto contigo por si te ayuda:

Si no necesitara nada y pudiera elegir,
¿qué me gustaría hacer a partir de hoy?

Pregunta poderosa con respuesta poderosa. No se puede responder al instante, porque contestaría la mente y lo haría desde el ego (miedo, deber hacer, expectativas del mundo sobre ti); hay que darle su tiempo para que contestes desde el alma. Y descubrir en ese proceso que la vida te está regalando una oportunidad para redireccionar, cambiar algo, escucharte más y conectarte contigo, con tu propósito y el propósito de tu alma, con lo que has venido a hacer y ser. Pura magia.

La magia de vivir lo que es en este momento, lo que está siendo, lo que estás siendo, y abrazar el momento con todo lo que tiene para ti. Sin resistencia; solo amor, presencia y gratitud.

Tú eres magia cuando te permites vivir lo que es con amor y gratitud.

Una sola palabra
puede sanar tu mundo
o destruir tu mundo,
y siempre estamos eligiendo.

LA MAGIA DE LAS PALABRAS

Una palabra tuya bastará para sanarme.

Mateo 8,8

Las palabras que nos regalamos CREAN nuestra vida. Lo que te dices genera una vibración en ti que se ajusta de dentro hacia fuera, creando fuera lo que es dentro. Se llama frecuencia.

Diversas investigaciones neurocientíficas por todo el mundo estudian constantemente la influencia de las palabras en nuestras emociones y en la salud, entre otras correlaciones. Algunas, como las de la Friedrich Schiller University, concluyeron que las palabras positivas como *paz* y *amor* aumentan las emociones positivas, así como la imagen positiva de uno mismo, mientras que las palabras negativas aumentan la ansiedad, malestar emocional y pensamientos negativos recurrentes. Una palabra crea un mundo emocional en ti que se traduce en posibilidades o todo lo contrario.

Decía Nikola Tesla que la palabra es vibración, y la vibración es el lenguaje del universo. Responderá con la vibración que se le habla. El día que entendí esto me cuidé como nunca antes. Aprendí a protegerme de mí misma. Comencé a cambiar unas palabras por otras, y las frases de siempre se convirtieron en mantras poderosos que me acompañan en mi evolución. Desde ahí, todo es magia.

- Ante una situación difícil, donde antes decía «¿por qué a mí?», ahora me abro a «¿qué tiene esta situación para mí?». Y mi predisposición cambia.
- Ante una sensación de ruptura o cambio inminente, donde antes creaba pensamientos de fin, abandono o sufrimiento, ahora elijo pensar y sentir que siempre estoy siendo sostenida y guiada, aunque ahora no pueda verlo, y mi energía se calma y se abre a vivir la experiencia.
- Donde antes me sentía insegura y con miedo a la exposición o a la crítica, ahora elijo pensar y sentir que «estoy a disposición del universo, Dios o la Vida para hacer lo que he venido a hacer: crear y compartir», y mi sistema nervioso se relaja y puedo hacer lo que he venido a hacer, siendo yo, entregada a mi propósito.

Infinidad de ejemplos como este me guían desde que fui consciente del poder de mis palabras. Y una cosa más:

Las palabras de fuera SIEMPRE tienen menos poder del que tienes tú.

(Léelo otra vez).

Por muy negativo que sea el contexto o las palabras que recibimos, son menos poderosas que las que nos decimos a nosotros mismos. Me viene a la mente el ejemplo tan famoso de Viktor Frankl, que, en medio de una circunstancia tan difícil, dura, y agresiva como un campo de concentración nazi, cuenta cómo consiguió mantener la fe y la calma aún en las peores circunstancias, eligiendo lo que pensaba, lo que se decía y en lo que quería creer. De ahí nos regaló esa bella frase inspirada en Nietzsche de «quien tiene un porqué para vivir, soportará cualquier cómo», demostrando una vez más que la mente puede ser más fuerte que las circunstancias.

Una sola palabra puede sanar tu mundo y destruir tu mundo, y siempre estamos eligiendo.

Quiero invitarte a llenar de palabras bellas tu vida, crear tu mundo pintando el lienzo de tu realidad con estas frases y palabras cargadas de magia para transformarte —a ti y todo lo que vives—, observando tu vida con esta nueva mirada llena de posibilidades. Siente estas palabras en ti, cómo vibran fuerte, anclando en tu sistema nervioso y transformando cada una de tus células en una versión mejorada de ti, llena de poder y magia.

Yo puedo

Yo sé

Quiero

Soy capaz

Deseo

Es posible

Todo está bien

Puedo aprender

Confío

Me amo

YO SOY

Merezco

Soy guiada

Me perdono

Soy suficiente

Sueño

Estoy siendo sostenida

Estoy lista

Esto también pasará

Hágase tu voluntad

Todo ocurre para mi mayor bien

Confía

Quiero, puedo y lo merezco

Todo es magia

Llena tu vida de palabras mágicas, de mantras que te calmen, te guíen, te empoderen, te llenen de fuerza.

Solo una palabra cambia el sentido de una frase y de tu vida. Esa palabra llena de energía tu realidad, primero en ti y después en el mundo a través de la acción (y previamente la intención) creando una realidad confirmatoria coherente con la energía que has puesto en ella. La magia de las palabras crea la magia de tu vida. Desde este momento puedes regalarte la posibilidad de crear un mundo lleno de *yo puedo, quiero, merezco, soy, me amo,* y *todo está bien*, creando ese mundo de posibilidades fuera en el que puedas crecer, expandirte y manifestar todo lo que crees. Un mundo donde todo es magia.

Tú eres magia cuando te hablas bonito.

El universo dice:

Enséñame tu nueva vibración
y yo te mostraré milagros.

Saberte líder de ti misma es magia, porque nada puede limitarte.

Rincones mágicos de Avalon, 2025.

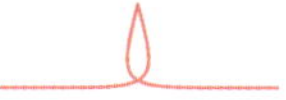

LA MAGIA DE BESAR TUS MIEDOS

Solo hay una manera de saber
en qué dirección ir:
tienes que seguir tu miedo.
Te mostrará el camino.
Huir de lo que te asusta es una forma
de perder el camino:
al hacerlo te alejas más y más de lo que buscas.
Si tienes miedo de enfrentar a esa persona o
situación,ahí está el nudo que hay que derretir.
Ese nudo que si se reconoce y se enfrenta te
donará las llaves de la libertad.
De ahora en adelante, entonces, cuando sientas
miedo, molestia, irritación y preocupación, no
huyas. Mantente escuchando lo que sientes.
Y con coraje adéntrate a descubrir el tesoro
escondido en tu malestar.
Los tesoros más preciados son custodiados por el
dragón más terrible.
Para llegar a los tesoros, hay que ir al dragón...
y besarlo.

Bert Hellinger

Los dragones de nuestra vida nos acompañan para invitarnos a crecer, a enfrentarlos, a superarlos y descubrir que aquello que amamos se encuentra al otro lado del miedo. Nuestro más bello tesoro.

El dragón nos regala el poder de la Valentía. Demostrarte que puedes, recordarte quién eres y todo lo que hay en ti. No se trata de matar al dragón; se trata de besarlo, de cogerlo de la mano y caminar juntos para descubrir juntos ese tesoro que se encuentra detrás del velo del miedo.

¿Y si no soy capaz? ¿Y si no lo consigo? ¿Y si me quedo sin nada? ¿Y si decepciono a todo el mundo? Esto, y la capacidad increíble que tiene nuestra mente para crear los peores escenarios, sobreactivando la amígdala del sistema límbico y estar siempre lista para generarnos ese bloqueo, parálisis o huida típica del miedo. A veces pasamos más tiempo convenciendo a nuestra amígdala de que realmente no hay leones cerca de los que huir que creando opciones posibles para solucionar los desafíos ☺.

Es muy interesante descubrir cómo funciona ese cerebro primitivo que aún sigue en nuestra especie para comprender nuestras reacciones, también primitivas, ante situaciones del siglo XXI; es decir, que estamos respondiendo a la realidad de este siglo con el primer cerebro que desarrolló el ser humano. Honrando su existencia, ya que sigue con nosotros para salvarnos de los peligros, es preciso poner luz ahí y saber diferenciar cuándo realmente estamos delante de un león y hay que huir o sobreactivarse, y cuándo no hay ningún león y estamos respondiendo como si lo hubiera. Esa distinción nos va a ayudar a relacionarnos de una forma más bella, comprensiva, compasiva y amorosa con nuestro miedo y con nosotras mismas (y nuestras emociones).

El león más fiero, el dragón de nuestra vida puede ser nuestro propio pensamiento. Ese miedo que se genera en ti antes de que algo ocurra, pero que, sin embargo, te bloquea y te limita como nadie; lo haces tú misma. Descubrir que el 95 por ciento de los miedos están creados por tu mente y nunca ocurren te ayuda a liberarte de esas cadenas.

Decía Buda: «Nadie nos salva, sino nosotros mismos. Nadie puede ni debe. Nosotros mismos debemos recorrer el camino. Todo lo que somos es el resultado de lo que hemos pensado; está fundado en nuestros pensamientos y está hecho de nuestros pensamientos».

Cuando decides afrontar el desafío y besar al dragón, todo es magia. Lideras tu mundo emocional liderando tus miedos, abrazando cada parte de tu ser porque sabes que todo tiene una función, un papel en la obra de tu vida y de tu cuerpo, un sentido en tu camino. Saberte líder de ti misma es magia, porque nada puede limitarte, y mucho menos tú misma. No hay imposibles para ti, solo decisiones libres y poderosas, conectadas con tu corazón.

Tú eres magia cuando besas tus miedos
y, en lugar de luchar con tu dragón, lo amas.

Templo de Edfu, dedicado al dios
Horus, Egipto, 2024.
Permítete
ser magia
en un mundo
en el que nadie
cree.

LA MAGIA DE LA SENSIBILIDAD

La empatía es el superpoder de las personas altamente sensibles.

Elaine Aron

Vivimos tiempos difíciles y especialmente para las almas sensibles. Quizá detrás de ese «estoy bien», que tanto repetimos, hay un mundo de respuestas no compartidas que nos aíslan aún más en nuestro mundo lleno de detalles, sutilezas y sobreestimulación.

Elaine Aron en su investigación determinó que en torno a un 20 por ciento de la población es altamente sensible. Describe este rasgo con cuatro características fundamentales, lo que ella llama el modelo D.O.E.S.: procesamiento de la información de manera muy profunda (*Depht of processing*), facilidad de sobreestimulación o saturación sensorial (*Overstimulation*), alta emocionalidad y empatía (*Empathy*) y gran capacidad para detectar sutilezas y cambios del entorno (*Subtlety*).

No todo es bello en la alta sensibilidad; de hecho, siento que es más difícil que fácil comprendernos y gestionar ese exceso de todo por sentir tanto. Algunas realidades que vivimos, siendo altamente sensibles, pueden ser estas:

- Nos sobrecargamos de información cuando algo nos interesa, hasta el punto de obsesionarnos con un tema; lo tenemos que saber todo.

- En esta sociedad en la que se ha normalizado un ritmo de vida tan rápido e intenso, donde los días pasan con demasiadas cosas por hacer, sobrevivir es un reto y sentirnos agotadas una normalidad. Necesitamos el doble de espacios y tiempos para recargarnos y ese ritmo no siempre lo permite, por lo que vivimos agotadas y en estado de supervivencia.

- Nos cuesta crear vínculos significativos con personas y encontrar personas con la misma profundidad (emocional, espiritual, intelectual).

- Nos aislamos más porque la mayoría de las conversaciones no son interesantes para nosotras, por ser superficiales según nuestra forma de ver y sentir el mundo. Elegimos y filtramos tanto que podemos caer en el aislamiento.

- Los cascos, airpods o tapones para los oídos son nuestro mejor aliado para aislarnos de la sobreestimulación y el ruido que tanto nos molesta, lo que tampoco ayuda para conectarnos con los demás.

- Nuestra capacidad para procesar los detalles nos hace saber leer muy bien a las personas con toda su información verbal y no verbal, viendo más de lo que se ve.

- No somos comprendidas en nuestras necesidades de soledad, tiempos, espacios, silencios, o reequilibrio de nuestro sistema nervioso y sensorial.

- Adaptación permanente al sistema constante, explicaciones de más, pedir tiempos y espacios, defender la soledad, buscar equilibrio constantemente, son algunas de las realidades que vivimos en esta sociedad enferma en la que hemos normalizado un ritmo y exigencia que no son normales.

Más allá de estos y otros desafíos, ser PAS (altamente sensible) es un bello regalo al mundo cuando lo vives con amor, comprensión y respeto a ti. Mis cinco últimos libros incluyen siempre un apartado sobre la alta sensibilidad, porque, desde que descubrí este rasgo en mí, me ha ayudado tanto a comprenderme que he querido ayudarte a ti, que me lees. Muchas son las personas que se han descubierto PAS gracias a mis libros, y ese es un bello regalo. Poner luz a lo que eres, comprenderte y amarte, son los tres pasos que te compartía en *Autoamor* para caminar hacia el amor a ti. Eso es lo que hacemos cuando descubrimos esas partes de nosotras que antes no conocíamos o no habíamos identificado.

Dice la misma Aron que «la sensibilidad nos conecta con el mundo de una manera única». Y es que ser una persona altamente sensible es un don que recibimos para sentir el mundo de una forma especial, que cuando se convierte en creación, tiene magia. Tenemos nuestra propia forma de ver y de estar en este mundo complicado y retador, porque percibimos, recibimos, analizamos y respondemos a los estímulos de una manera más profunda que el resto de las personas. Viendo más, sintiendo más, analizando más.

Esto traducido al arte da lugar a obras maravillosas en pintura, cine, música, libros, ideas y creaciones o movimientos sociales.

Lady Di, Enya, Ludovico Enaudi, Scarlett Johansson, Selena Gómez, Alanis Morissette, Albert Einstein, Martin Luther King, Pablo Alborán han sido o son personas altamente sensibles que han dejado su impronta en lo que han hecho de una forma única. Muchos de ellos, además de crear belleza en el mundo, han necesitado tiempos de pausa de ese ritmo impuesto que tanto nos agota. Si tú también lo sientes, ojalá puedas escucharte y regalarte aunque sea un poco de espacio y pausa; es sanador. Si ves a alguien que lo hace, respétalo, porque se está cuidando.

La sensibilidad nos conecta con el alma del mundo.

Vivimos tiempos difíciles y especialmente para las almas sensibles. Si lo eres, búscate en la naturaleza, en el contacto con la tierra, con lo sagrado. Respira. Cierra los ojos y conéctate arriba y abajo, siéntete sostenido y en frecuencia con quien te sostiene.

Cuando todo se derrumba, queda lo esencial.

La naturaleza, siempre fiel.

Tú, contigo, sin soltarte de la mano, siempre fiel a ti misma, especialmente en la adversidad.

Cuando nadie te comprenda, compréndete tú.

Cuando nadie te respete, respétate tú.

Confía en tu capacidad para sostener lo que pasa, la energía que se está moviendo, el bien y el mal, sin perder nunca tu norte, tu sentido, tu esencia.

Cuando lo necesites siempre está ahí, esperándote para salvarte. Coge fuerzas para lo que está por venir. Eres muy importante para sanar el mundo con tu AMOR ♥.

Tú eres magia cuando amas tu sensibilidad
y la pones al servicio del mundo.

Y, de pronto, cuando eliges abrirte a la magia de la vida, llegan a tu camino personas mágicas con las que compartir los aprendizajes y las experiencias del camino.

CONEXIONES PODEROSAS PARA UNA VIDA MÁGICA

Acabo de tener una comida con un amigo que no había visto en cuatro años por distanciamiento en la relación, y el encuentro ha sido una sorpresa, revelador. Ha sido agradable volver a vernos y me ha dicho una frase que me ha hecho reflexionar: «Laura, tienes que perdonar la deslealtad o a las personas que te hacen daño». A lo que le he contestado: «No, no quiero eso en mi vida, ya no».

Sin ánimo de ser dramática o extremista, esa respuesta tiene muchos años de trabajo personal detrás, y, lejos de estar basada en el enfado o el rencor, está basada el amor. En el amor a mí, y a lo que quiero tener en mi vida. No tenemos que aceptar todo a cualquier precio, y, sí, podemos elegir qué queremos tener en nuestra vida y aprender a qué decir *sí* y a qué decir *no*.

Yo digo *no* a muchas cosas: no quiero en mi vida vínculos que no sean verdaderos, profundos y auténticos, aunque ello suponga reducir considerablemente mi entorno social. No quiero en mi círculo de confianza a personas que aparecen y desaparecen de pronto, porque me dañan. No quiero cerca a personas que no me quieren bien o que no se alegran por mis logros o cosas bonitas. Y esto es una elección consciente, sincera y responsable desde el autoamor, protegiendo mi entorno personal, mi bienestar y mi paz. Son mis límites.

Los límites son la distancia a la que puedo quererte y quererme al mismo tiempo.

Y, desde que me amo bonito, digo *sí* a muchas cosas que han cambiado mi vida. Digo *sí* a conexiones verdaderas, profundas y sinceras, y elijo muy bien de quién me rodeo, porque es parte de mi autoamor. He descubierto que:

- Cuando dejas ir lo que ya no resuena contigo, tu energía atrae a quien resuena como tú, «tu tribu».
- A veces, cerrar ventanas a algunos vínculos abre un universo entero.
- No puedes quedarte donde no puedes evolucionar. Aplicable a amistades, parejas, familia, y entorno.
- Hay un universo de personas esperando a conectar contigo para crear magia juntas.
- Cuando te abres a las personas que llegan porque resuenan con tu nueva frecuencia, tu nuevo *yo*, se crean vínculos poderosos y transformadores que os hacen evolucionar.

- La sintonía, la sincronía, la conexión existen y hay que dejarles espacio para que se manifiesten. Siente la energía en tus conexiones.

- Conecta con personas que te inspiren, que evolucionen, que te muestren que es posible.

- Cuando eliges abrirte a la magia de la vida, llegan a tu camino personas mágicas con las que compartir los aprendizajes y las experiencias del camino.

- Un trabalenguas:

  Ábrete al mundo, pero no a todo el mundo.
  No lleves a todo el mundo a tu mundo.
  Acepta que no eres para todo el mundo.

Las conexiones más poderosas te abrirán a la magia de creer, de crear y de compartir, elevando tu frecuencia y tu capacidad más allá de lo que puedas imaginar. Date permiso para abrirte a una nueva tribu, para conectar con personas que resuenen contigo, para inspirar e inspirarte y seguir el camino de evolución con personas que suman. Es un desafío para el ser humano adicto al apego que somos, normalizar el proceso de conocer y desconocer a las personas de nuestra vida, porque todos estamos aquí de paso para aprender y evolucionar. Esto explica algo tan doloroso como tener que despedirte continuamente de personas de tu vida, a veces sin sentido, sin razón, como si desaparecieran los actores de una obra de teatro cuando su papel ya no tiene sentido en el mensaje final.

Tendríamos que aprender a normalizar un proceso que suena como:

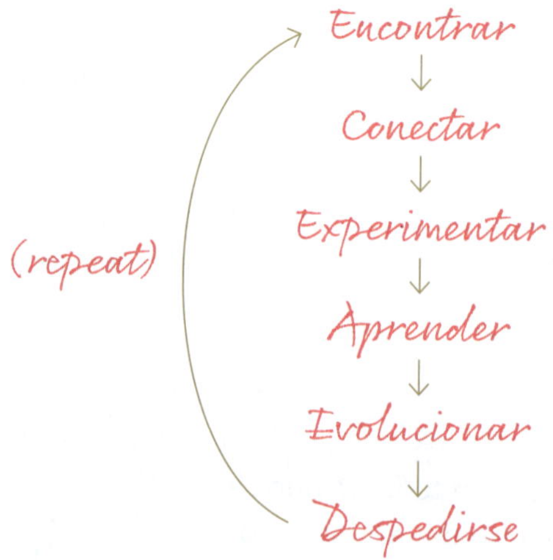

Y así, una y otra vez, en el camino de la vida. No desistamos de conectar por miedo a perder, porque cuando de verdad perdemos es cuando no nos permitimos vivir la magia de conectar.

Conocemos a muchas personas, pero conectamos verdaderamente con pocas. Tenemos muchos conocidos, pero pocos amigos de verdad. Cuida las relaciones verdaderas que tienes en tu vida, porque son un regalo maravilloso que te permite crecer y experimentar, mirarte en el vínculo, sentirte sostenida y acompañada y también más fuerte.

Un estudio de Harvard liderado por el psiquiatra R. Waldinger concluyó que cultivar relaciones cálidas y cercanas es clave para la felicidad y la salud, y que los vínculos sociales saludables nos ayudan a vivir mejor y con más salud (reducen el estrés y la ansiedad). Esta investigación trasversal comenzó en 1938, y destaca la importancia de tener al menos dos amigos o amigas confiables para el bienestar emocional y físico.

Yo siempre he sentido que tengo muchas amigas y amigos, pero solo dos verdaderas que me han visto nacer y me verán morir, incondicionales y eternas. Una de ellas se asomó a la cuna cuando llegué del hospital, al día siguiente de nacer, y la otra tenía once meses cuando nací y siempre creyó que yo era como su hermana. Paqui y Úrsula, mis hermanas de vida. Me siento agradecida y afortunada de tener estas personas en mi vida que yo no elegí, pero el universo, la vida, Dios, las eligió para mí. Y me siento orgullosa de las personas que están en mi vida, porque han sido elegidas con consciencia y amor, para mi evolución y espero que también la de ellos.

Con las conexiones mágicas aumenta la oxitocina, hormona del amor; disminuye el cortisol, la hormona del estrés, con beneficios a corto y largo plazo para nuestra salud mental, emocional y física (Molly Millwood).

Me abro a todas las conexiones mágicas que la vida tenga para mí.

Tú eres magia cuando creas conexiones con personas mágicas para mejorar tu vida y la de los demás con tu presencia, amor y empatía.

Magia en la Stupa de Boudhanath (Devanagari: बौद्धनाथ), Nepal.

LA MAGIA DE LO FÁCIL Y SENCILLO

El universo entero trabaja a tu favor. Tu trabajo es creerlo profundamente.

A lo largo del tiempo he aprendido que lo verdaderamente mágico es fácil. Lo fácil es la forma que tiene la vida de señalarte el camino, de hacerte sentir el *sí.* Lejos de eso, desconfiamos cuando llega algo fácil porque, entrenados en lo contrario, nos cuesta creer que algo fácil nos lleve a algo bueno. Te invito a abrir tu vida a lo fácil que llega.

Un ejemplo de tu vida: el amor bonito es fácil, llega fácil y te sorprende lo fácil que se da todo. Tanto que te dices a ti misma que si es tan fácil quizá no es amor. Hemos acostumbrado a nuestro sistema nervioso a no aceptar lo fácil como verdadero y nos causa esa inseguridad.

Hemos sobreestimado tanto lo difícil, lo que requiere sacrificio y esfuerzo, que a nuestra mente le cuesta comprender que, sin hacer nada, algo pueda suceder. Cuando lo aprendí, de forma consciente comencé a entrenar ese «quitarme del medio» y dejar que la magia de la vida hiciera su parte, en lugar de querer intervenir en todo, que no es más que una forma enmascarada de control y, por tanto, de ego. Darte cuenta de que la magia sucede sin que tu acción importe es una buena cura para ese ego.

La Ley Universal del Mínimo Esfuerzo existe, y nos dice lo siguiente:

La inteligencia del universo funciona con una facilidad libre de esfuerzos (con despreocupación, con armonía y con amor). Cuando dominamos las fuerzas de la armonía, de la alegría y del amor, creamos el éxito y la buena fortuna con una facilidad libre de esfuerzos.

Es necesario desactivar en nuestra vida el aprendizaje de que todo cuesta para activar este nuevo aprendizaje: el universo se manifiesta en lo fácil y sencillo. Hemos crecido marcados con palabras poderosas que han creado nuestro camino y ahora solo podemos ver la vida así. «La vida es sacrificio, todo requiere esfuerzo, la vida es entrega, lo que quieres cuesta, hay que sufrir para merecer...», y seguro que estás recordando muchas más. Estamos programados de tal forma que cuando la vida nos regala algo fácil, nos pone por delante la opción que deseamos o una oportunidad maravillosa, lo primero que pensamos es que no puede ser buena, o no puede ser verdad si ha sido tan fácil. Es decir: necesitamos vivir la dificultad, sufrir o sentir que nos hemos esforzado mucho para sentir que lo merecemos. Esto es fruto de la educación y adoctrinamiento social, no de la naturaleza.

Tu naturaleza es divina, eres el Universo, por tanto, las leyes del universo operan en ti: como es arriba es abajo. Conéctate con el Amor, la Alegría, la Armonía, desde lo más profundo de tu alma, entregándote a la magia de la vida por primera vez. Confía, y el universo hará su parte de forma natural.

¿No tienes que hacer nada? Por supuesto que sí; cuando pase ese tren, tienes que tener listas las maletas. Cuando te llegue una oportunidad, tienes que estar preparado (con la formación y experiencia necesarias). Cuando la persona que esperabas llegue, tiene que encontrarte con tu trabajo personal hecho y las heridas sanadas. Pero la magia de lo fácil y sencillo está en saber y sentir que quizá lo más mágico, bonito y verdadero de tu vida llegará a ti sin que tengas que esforzarte, sacrificarte y todas esas palabras que le hemos comprado a una sociedad que nos necesita esclavos y nos aleja de nuestro propio poder a cada instante.

Cuando algo tiene que ser, todo fluye.

Cuando tu camino es por ahí, el propio camino te lleva. Esa es la magia de lo fácil operando en tu vida. Cuando algo nos cuesta muchísimo, todo son obstáculos y nos sentimos desconectados de nosotros mismos, una de dos: o no es por ahí y estás forzando porque es un objetivo más de mente que de corazón, o no estás disfrutando del camino pensando que el objetivo es más importante que tú. Aquí te invitaría a plantearte si de verdad quieres eso que quieres, si eso que quieres es del alma o de la mente (o lo que te han dicho que es mejor para ti), y si ese objetivo lo estás viviendo con amor, armonía, alegría y confianza.

Mantra:
Todo se me da de manera fácil,
positiva y abundante.

Esta es la esencia de la vida, de tu naturaleza y de la naturaleza que nos rodea. Dice la sabiduría chamánica que la luna no se esfuerza por brillar (de hecho, brilla reflejando la luz del sol), las flores brotan de forma natural y los pájaros cantan sin cuestionarse su canto. En medio de esa perfección natural conectada a la magia de lo fácil y sencillo, somos el elemento discordante por intentar vivir conectados al esfuerzo constante y el sacrificio desmesurado para sentir que merecemos vivir. También nos sobresforzamos en las relaciones para poder sentir que nos merecemos ser amados. Y así con todo. Actualicemos nuestros códigos, desprogramemos esto que hemos recibido para volver a crearnos desde la libertad, la abundancia y el merecimiento.

Todo se te da de manera fácil, positiva y abundante.
Mereces todo lo bueno que la vida tiene para ti.
Todo es posible.
Lo fácil es posible.
La vida te entrega lo que necesitas en cada momento.

Repite estas frases las veces que quieras, con los ojos cerrados, sintiéndolas muy fuerte, acompañándolas con tu sistema nervioso calmado, receptivo, confiado y en evolución, y ve sintiendo en tu vida los resultados de este cambio de mirada, de concepto y de programación.

Tú eres magia cuando te abres a la magia
de lo fácil y sencillo en tu vida.

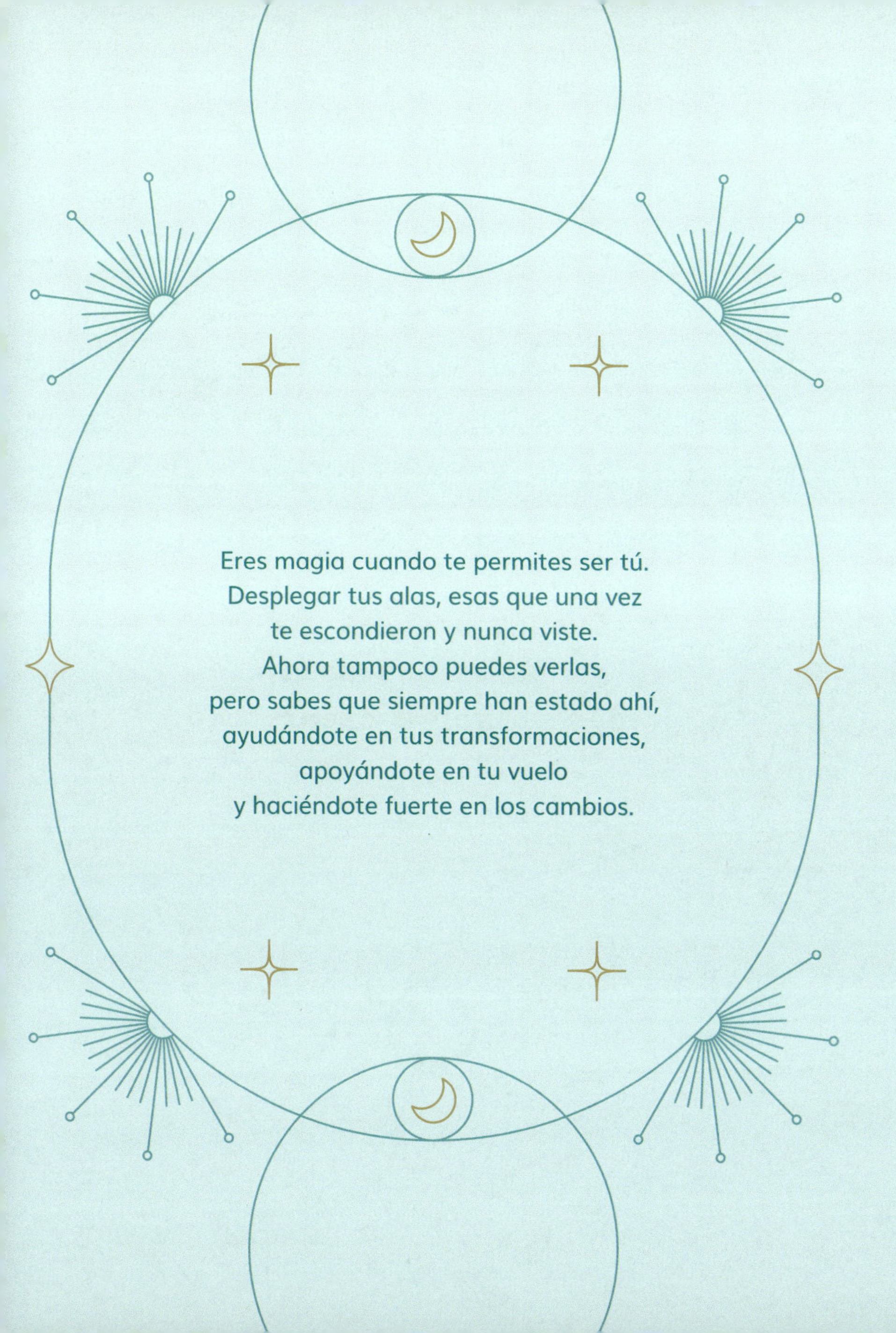

Eres magia cuando te permites ser tú.
Desplegar tus alas, esas que una vez
te escondieron y nunca viste.
Ahora tampoco puedes verlas,
pero sabes que siempre han estado ahí,
ayudándote en tus transformaciones,
apoyándote en tu vuelo
y haciéndote fuerte en los cambios.

Cuando sientes que
ya no tienes nada,
puedes volver a crear todo.

LA MAGIA DE AGARRARTE FUERTE A LA VIDA

Todo lo que te sucede, incluso lo que parece ser el mayor obstáculo, tiene un propósito divino.

Wayne Dyer

Solo el que alguna vez se desconectó de la vida sabe lo necesario que es tener motivos para seguir en este baile que es.

A veces la vida nos tumba. Nos deja sin fuerzas. Nos deja sin sentido. No sabemos a dónde ir, por qué a nosotros, qué más hacer, para qué estamos aquí. Hay veces en las que solo vemos oscuridad y perdemos las fuerzas, las ganas, la luz, el por qué y el para qué. En medio de la nada, todo nos da igual. Y ahí es muy difícil seguir adelante.

Naufragamos en nuestros más bellos viajes, nos caemos mientras perseguimos aquello que creemos ser, nos perdemos en el intento de querer ser quienes no somos. La vida es un baile de aprendizajes y decepciones que nos lleva por el camino predestinado para cada uno de nosotros, donde cada persona, cada obstáculo y cada logro tienen un sentido en el camino.

Pero también encontramos tristezas, pérdidas que nos desarman y decepciones que nos desalman, y nos quedamos vacíos de esperanza y llenos de dolor, una y otra vez, hasta que un día sentimos no poder con todo y lo dejamos. Dejamos todo: relaciones, compromisos, personas, ilusión, luz y vida. También dejamos la vida. Y en el camino, a nosotros mismos.

Es natural, humano y necesario romperse para descubrir partes de nosotros que no conocíamos, para seguir sanándonos y seguir evolucionando. Amar nuestras partes tristes, oscuras y rotas es necesario para amarnos en nuestra crisálida, en nuestro florecimiento, en nuestro renacer.

Mi fuerza nace de la belleza que encuentro cada vez que miro donde creía que no había nada que amar.

La magia de agarrarte fuerte a la vida está en seguir adelante pase lo que pase. Hay dos elementos a los que tienes que poner atención: la fuerza vital y la ilusión. Se retroalimentan y una es llave de la otra. La fuerza de la vida es nuestra energía y defensa ante ella. En China es *Qi*, en la India, *Prana* y en Japón, *Ki*. La ilusión, como una llave mágica, abre el canal de la fuerza vital, como si fuera un canal de energía que vuelve a encontrar su camino cuando aparece. Y a la vez esta fuerza poderosa retroalimenta la ilusión.

Cuando sientes que ya no tienes nada, puedes volver a crear todo, pero agárrate. Agárrate fuerte a la vida, para que te sostenga mientras renaces, para que sea tu suelo mientras te vuelves a crear. Agárrate a la vida para sentir de nuevo tu fortaleza, para sentir las manos que te acompañan, para sentir la fuerza del mundo impulsándote hacia tu nuevo ser. Siente la fortaleza de todos tus ancestros detrás de ti, sosteniendo eso que tú sola no puedes.

- ✧ Respira profundo.
- ✧ Conéctate con tu fuerza interior.
- ✧ Recuerda tu motivo más poderoso.
- ✧ Siente que lo mereces.
- ✧ Recupera tu ilusión.
- ✧ Conéctate con la naturaleza cada día en cualquiera de sus formas.
- ✧ Reconéctate con el Todo, el Gran Espíritu, Dios, para sentir su fuerza en ti.
- ✧ Ilusiónate con cosas pequeñas, una tras otra.
- ✧ Recibe el amor que quieren darte.
- ✧ Pide ayuda cuando lo necesites.
- ✧ Siente la humanidad a tu lado compartiendo este renacer.
- ✧ Respira y agradece el milagro de estar aquí.

Agarrarse fuerte a la vida no es un acto de resistencia, sino de entrega; no es una lucha, sino una invitación a vivir el milagro de nuestra existencia.

Y recuerda disfrutar mientras aprendes a Vivir.

Tú eres magia cuando te agarras fuerte
a la vida y eliges VIVIR.

Magia en el Taj Maha
Agra, Indic
Mi fuerza nace de la belleza
que encuentro cada vez que miro
donde creía que no había
nada que amar

LA MAGIA DE LA PAZ INTERIOR

> Estamos en este mundo
> para convivir en armonía.
> Quienes lo saben no luchan entre sí
> y alcanzan la paz interior.
>
> Buddha

Decía Marco Aurelio que la clave para tener paz mental es aceptar las cosas tal y como son, no como deseas que sean.

¿Qué es la paz interior para mí? Después de muchos años buscándola por todos lados, dentro, fuera, en el otro, he llegado a la conclusión de que la paz interior es dejar de luchar conmigo misma. Por ello Buddha decía: «La paz interior viene de dentro; no la busques fuera». En el camino también descubrí más cosas.

La paz interior es dejar de luchar contigo misma.

Paz interior es aceptación: aceptar lo que es, aceptar lo que está siendo, aceptar lo que eres en este momento con todo lo que eres.

Paz interior es presencia: estar donde estás en este momento, ser quien eres, entregarte al momento presente, respirar la vida que está siendo en este instante.

Paz interior es amar lo que es sin pretender modificar nada.

Paz interior es conexión espiritual, descansar en el Todo, confiar en que estás siendo guiada y sostenida.

Paz interior es calma en tu mente y en tu corazón, meditar, liberando pensamientos que te esclavizan y sentimientos que te atan a lo que ya fue. La calma se logra respirando la presencia de este instante.

Recoge *Un curso de milagros (UCDM)* una frase mágica para poner en práctica cada día y ver cómo cambia tu vida: «Hoy no voy a juzgar nada de lo que suceda». Se hace difícil, porque es nuestra primera respuesta, juzgar si algo es bueno o es malo, si está bien o no, o si yo lo haría de otra forma. Poner mente es nuestra esencia; dejar ser lo que es es el reto que nos propone y que te invito a practicar hoy, y a ver qué pasa.

Paz interior es mantener la calma y la serenidad ante las experiencias de la vida, ayudándonos a ser ecuánimes. Cuando consigues que no te afecte ni un halago ni una crítica, estás cerca de esa paz. Hay un bello texto de Thích Nhất Hạnh que dice así:

«Cada vez que respiramos y volvemos al hogar de nosotros mismos, creando armonía y alegría interior, estamos realizando un acto de paz.

Cada vez que sabemos contemplar a otra persona y reconocer el sufrimiento que le ha llevado a hablar o a actuar con torpeza, cada vez que vemos que es víctima de su sufrimiento, la compasión de nuestro corazón crece.

Podemos contemplarla con la mirada de la comprensión y el amor, y al verla así, no sufriremos ni haremos sufrir.

Estos son los actos de paz que podemos compartir con los demás».

Y resulta que el verdadero éxito de nuestra vida no estaba en el éxito social, los logros profesionales, el estatus económico o en ser admirados por los demás. El verdadero éxito de nuestra vida es estar en paz.

Contigo misma.

Con la vida.

Con los demás.

Con lo que está siendo.

Con lo que no esperas.

Con la naturaleza.

Con el todo.

Amar el presente es sentir paz.

Y si lo tienes, ya lo tienes todo. Si has conseguido conectar con esa sensación de paz en ti, hónrala, cuídala y disfruta de ese estado tan deseado por la humanidad.

Te comparto otro precioso texto del monje budista Thích Nhất Hạnh que me inspira y deseo que te inspire a ti también:

Conforme avanza tu transición por la vida, te vas dando cuenta de que no eres la misma persona que eras antes.

Las cosas que solías tolerar, ahora te pueden resultar insoportables.

Donde alguna vez te quedabas callado, ahora hablas con tu verdad y razón.

Donde alguna vez peleabas y discutías, ahora eliges permanecer en silencio, no por orgullo o miedo a la derrota, sino por paz mental.

Comienzas a entender el valor de tu voz y que hay situaciones que simplemente no merecen tu tiempo, tu energía o tu atención.

La verdadera felicidad está basada en la paz.

Tú eres magia cuando descubres que tu paz interior es el verdadero éxito de tu vida.

Vivir el presente
es tener una cita contigo
y con la vida.

Magia en el templo de
Abu Simbel, Egipto.

LA MAGIA DE LO SAGRADO

(suena *Divenire*, de Ludovico)

Todo es sagrado.

Tú también lo eres, y todo de ti. Tu cuerpo, tu energía, tu alma, tu amor.

También es sagrado todo lo que nos rodea, en su esencia, su origen, su alma, su naturaleza, su destino, su valor.

Sagrado, del latín *sacratus*, significa según la RAE que algo es «digno de veneración por su carácter divino o por estar relacionado con la divinidad». Sagrado es elevar algo al nivel de lo divino. Lo sagrado provoca admiración, respeto, devoción, reverencia y deferencia. Admirar la vida, la naturaleza, la historia, la tierra que nos sostiene, el mar que nos baña, la perfección del cuerpo humano.

Mirar la vida desde lo sagrado cambia la tuya. Tu mirada tiene el poder de cambiar el mundo que ves. Conéctate con lo sagrado del nacimiento. Reconoce lo sagrado en la muerte.

Caminar se vuelve un ritual cuando eres consciente de lo sagrado del suelo que pisas. La tierra que te sostiene, la historia de esa tierra, el origen y destino, el tiempo que lleva ahí antes de ti y después. Algo que se multiplica cuando pisamos suelos con mucha historia por su antigüedad o importancia. En esos lugares hay magia. Me gusta ser muy consciente de dónde estoy, qué suelo estoy pisando, qué fue, qué es, qué pudo ser, mucho más allá de lo que me cuentan. Siempre pido permiso para entrar física y energéticamente en los lugares poderosos, especialmente en la naturaleza. Doy las gracias por poder estar allí, viviendo esa experiencia, sintiendo esas sensaciones, admirando esa belleza. Lo sagrado vive en mí como un ritual de vida. Amo la tierra, la belleza, la historia y la creación.

Siempre he sentido que los lugares sagrados nos quieren decir cosas, comunicarse con nosotros, mostrarnos su historia, su versión, su magia. En los últimos viajes me he dado cuenta mirando mis miles de fotografías que en muchas de ellas estoy tocando lugares sagrados con mis manos. Descubrí fotos tocando paredes de templos en Egipto, el altar del templo de Isis en Philae, el famoso sarcófago de la sala del rey de la pirámide de Giza, piedras en Machu Picchu, piedras en el círculo de Stonehenge, estupas en Nepal, el Taj Mahal en la India. Siempre he sentido que necesitaba tocar hasta lo que no se puede tocar (muchos de estos lugares que te he mencionado no se pueden tocar, verdaderamente), pero creo que lo hacía instintivamente hasta que supe que no se podía. Necesidad de sentir lo sagrado a través de mis manos. Necesidad de recibir información de ese lugar a través de mis manos.

Pero hace poco, le conté a mi buen amigo (mágico) Jon, de quien ya te he hablado, mi descubrimiento. Le dije que al ver las fotos me había dado cuenta de que me conectaba con lo sagrado de los lugares poderosos con mis manos para recibir su magia. Y mi amigo me dijo: «Laura, quizá no eres consciente, pero una de tus misiones de vida es la contraria; estás sanando con tus manos y tu energía la energía de muchos lugares sagrados que han sido dañados. Lo estás reparando y actualizando con tu energía».

Wow. Jamás había pensado en eso y me impactó mucho. Mi sagrado también sana, personas, lugares, y a mí misma. Desde el amor más profundo que existe. Qué increíble, qué belleza, qué magia. Gracias a mi amigo y compañero de pódcast, Jon Landeta, por descubrirme más magia en mi vida.

Todo es sagrado.

Caminar es sagrado. Respirar es sagrado. Tocar otro cuerpo es sagrado. Hacer el amor es sagrado. Tu hogar es sagrado. Tu cuerpo es sagrado. Crear es sagrado. Con esta mirada, la vida es un regalo maravilloso, el mundo un lugar increíble y todo es belleza. Mi alma sufre con la destrucción de la naturaleza, las agresiones a lugares sagrados, los incendios que devastan la naturaleza y a las personas, las guerras o la maldad, tanto que no alcanzo a explicarlo. Siento cómo el alma se parte a trocitos, uno a uno, cuando algo de esto ocurre. No estamos hechos para destruir, sino para construir, crear, amar, y adorar. Ojalá todos podamos conectarnos con nuestra verdadera esencia para volver a lo sagrado como humanidad.

Te comparto un proceso sencillo para poder vivir la magia de lo sagrado:

- Reconoce la grandeza del lugar antes de entrar en él, su historia, su daño, su espiritu.

- Pide permiso al entrar a espacios sagrados, sean templos, lugares antiguos o la naturaleza.

- Siente la magia de lo sagrado.

- Da las gracias por poder pisar ese suelo, sentir esa energía o simplemente estar ahí.

- Si es posible para ti, cerra los ojos ahí, meditar, sentir sin mirar, te recomiendo que lo hagas. Pide siempre protección a quien te acompañe en estos viajes (guías, animal de poder, arcángeles, protectores).

- Llena de amor el espacio desde tu corazón honrando la historia de ese lugar, impregnando de amor por donde pisas y lo que tocas.

- Siente lo que ese lugar quiere decirte. Si puedes toca, o simplemente siente la energía del espacio y su sagrado.

- Al irte, corta la conexión energética con ese lugar y su historia, así como con cualquier energía que haya podido conectarse contigo. Desde la gratitud y el amor, deja allí lo que no es tuyo y agradece poder vivir ese lugar.

Tú eres magia cuando te conectas con lo sagrado en tu vida y en ti.

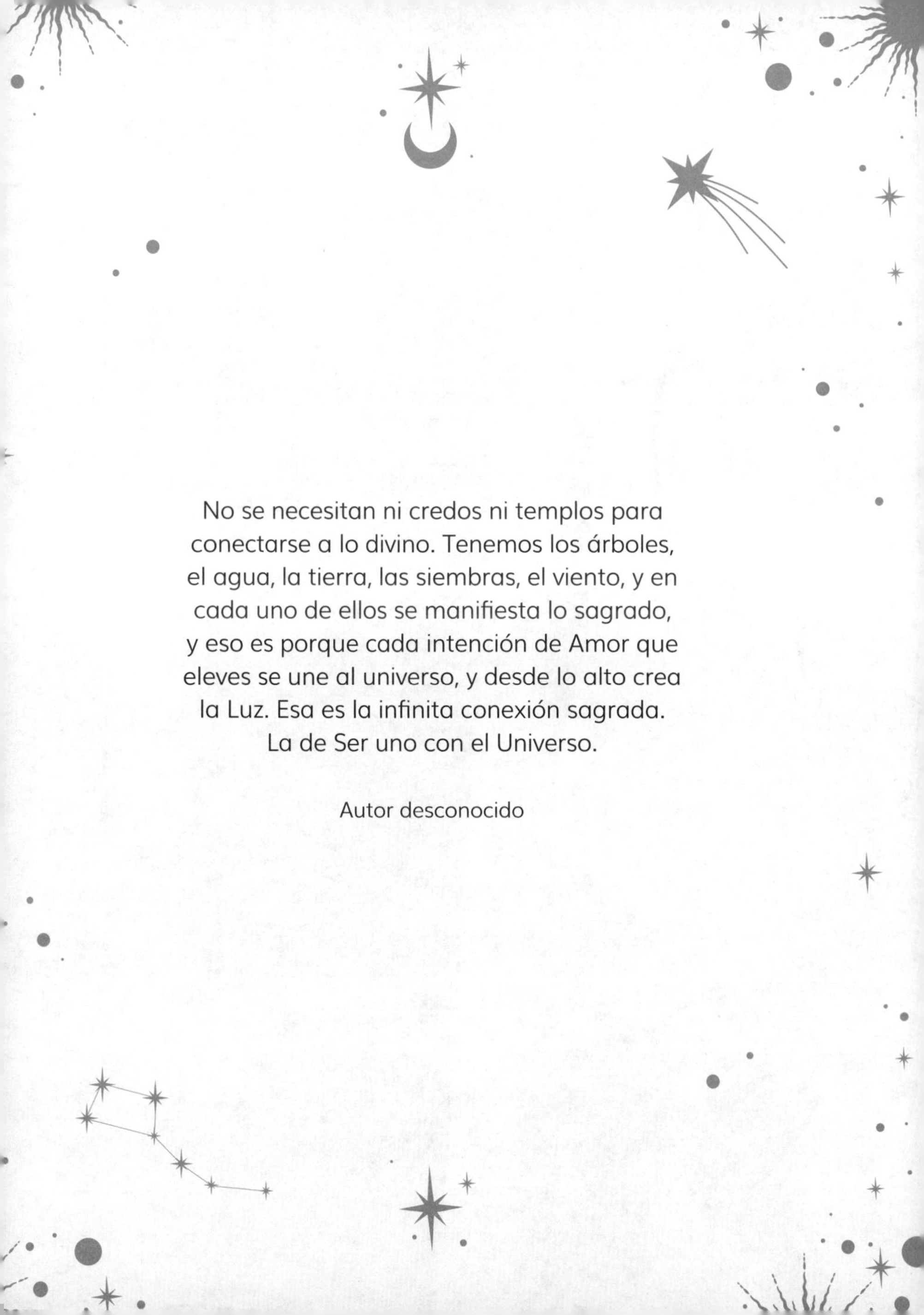

No se necesitan ni credos ni templos para
conectarse a lo divino. Tenemos los árboles,
el agua, la tierra, las siembras, el viento, y en
cada uno de ellos se manifiesta lo sagrado,
y eso es porque cada intención de Amor que
eleves se une al universo, y desde lo alto crea
la Luz. Esa es la infinita conexión sagrada.
La de Ser uno con el Universo.

Autor desconocido

Magia en el templo de
Karnak, Egipto.

LA MAGIA DE CONECTARTE CON TU PODER

Sé tu propio lugar sagrado.

Vivir desconectadas de nuestro poder es vivir cediéndoselo a otros. Mira a tu alrededor y toma conciencia de a quién se lo has dado sin darte cuenta. Vivimos sometidas a leyes, normas, reglas sociales por género, estado, estatus o profesión, pero conectadas también a muchas leyes invisibles, a vínculos energéticos con personas que quizá ya no están en tu vida, a desórdenes en tu sistema familiar y social. De forma mágica, todo se ordena cuando ocupas tu lugar, cuando recuperas tu poder, cuando recuerdas quién eres, qué quieres y lo que mereces. Cada cambio en ti tiene un impacto en tu sistema y en el mundo, y, de forma indirecta y bella, también en todas las mujeres si eres mujer y en todos los hombres si eres hombre. Todo el orden energético que te regalas tiene un impacto en el mundo. Y a la vez tienes que saber que cuando tú eliges conectarte de verdad contigo y con tu poder interior, recuperarlo en lo social y vital, tu entorno lo notará y será incómodo. Cuando eso ocurra, aparecerán los conflictos propios del que quiere recuperar lo que es suyo y de lo que otro se ha apropiado. Cultiva en ti la fortaleza para afrontar con autoamor, entereza, firmeza y dignidad ese camino de vuelta a ti.

Usa tu poder para transformar tu vida e impactar positivamente en el mundo.

Las almas creativas y creadoras hemos venido a CREAR. Aunque nos cansemos, aunque nos decepcionemos, aunque las cosas se tornen complicadas, no puedes vivir si crear, en cualquiera de sus manifestaciones, porque no estarías viviendo fiel a tu esencia. Crea, no tiene por qué ser todo el tiempo, pero sí a lo largo de tu vida. Toma descansos, relájate, aléjate, desiste, pero siempre vuelve a la creación, porque crear es ser verdaderamente tú.

Sé tu propia maestra.

Reconoce tu talento, tus dones, tu maestría, y sé consecuente con el universo que te lo regaló.

Camina cada día descubriendo más sobre tu propósito, intenta que eso que quieres siempre este verdaderamente conectado a tu alma.

Vive en equilibrio energético, cuida el sagrado femenino en ti y el sagrado masculino en ti, porque solo desde ese equilibrio interno vivirás en equilibrio energético con los demás.

Libérate de las emociones bloqueadas, pon luz a lo que está en ti, pero no quieres ver y cuida tu mente, tu cuerpo, tu espíritu, alimentando cada día tu conexión divina.

Regálate descansos continuados cada vez que lo necesites. Crea espacios para ti y para conectarte contigo. Confía en todo lo que eres y en todo lo que puedas llegar a ser.

Sé refugio para ti misma. Crea en ti el lugar más bello de tu vida. Sé tu propio templo sagrado.

Tú eres magia cuando te conectas con tu poder.

- Soy consciente de quién soy.
- Hago espacio a mi poder en mi vida, lo honro y asiento a todo lo que soy.
- Me libero del miedo a expandirme y confío en el camino que mi alma ha venido a transitar para evolucionar.
- Soy creadora de mi propio camino y honro cada una de mis decisiones porque marcan mi destino.
- Elijo ocupar mi lugar y compartir mi voz con el mundo desde mi Amor.
- Me escucho, me apruebo y me respeto.

Somos seres estelares en perfecta colaboración con el Universo

Magia en el círculo de piedras ancestrales de Stonehenge, Reino Unido, 2024.

LA MAGIA DE LOS PORTALES ENERGÉTICOS

El universo sabe cuándo estamos listos para alinearnos con una versión más elevada de nosotros mismos, y entonces, nos invita a cruzar a ese lugar que nos hará crecer, transformarnos y evolucionar.

Estamos rodeados de portales energéticos. La naturaleza en sí misma es un portal energético.

También llamamos portales energéticos a días concretos. Los portales energéticos son días concretos en los que existe una energía más especial, como el 1 del 1, el 2 del 2 y así sucesivamente. Esto seguro que ya lo has escuchado muchas veces. A veces lo sientes y a veces no. Los portales numéricos abren una energía universal que se da en una fecha clave por una vibración numérica especial. Hay personas que sienten mucha conexión con estos portales numéricos —o con los números en general— y crean rituales y conexiones espirituales esos días. Cabe destacar la energía especial de la tríada 369 que refleja la energía universal. El 3 representa la trinidad, el origen de todo, el 6 el equilibrio, la frecuencia y la armonía. Y el 9 es el campo divino, la vibración superior, la conciencia, el Espíritu. Estos números están presentes en la vibración del campo energético y en la resonancia de las frecuencias del universo: el 3 activa, el 6 armoniza y el 9 trasciende. Todo vibra en códigos, que aunque son invisibles son reales. Nikola Tesla decía: «Si supieras la magnificencia del 3, 6, 9, tendrías la llave del universo» (siempre me ha llamado la atención su conocimiento y saber un poco más de lo que pudo descubrir él).

Es cierto que yo siento una conexión muy especial con la naturaleza, y que para mí un portal energético poderoso lo marca el sol, el cambio, las estaciones. Un cambio poderoso en la naturaleza, un eclipse, un cruce o alineación planetaria. El solsticio, el equinoccio, la magia que ocurre ahí. No lo digo yo; la mayoría de las construcciones ancestrales honraban esos momentos y es por algo. En diciembre vi por primera vez un vídeo de la imponente catedral de Mallorca (España) iluminándose por dentro con la salida del sol entrando por el rosetón, el día del solsticio de invierno. Ocurre una vez en el año. Y, como en esta, en cientos de construcciones en el mundo, especialmente las más antiguas, como Stonehenge.

Esa intención de honrar ese momento es porque se produce un cambio en la energía del mundo. Son momentos en el año en los que la energía del universo se alinea de forma especial.

Cuando buscas información sobre los portales energéticos y espirituales aparecen frases como: «Conexión entre el mundo terrenal y espiritual», «Momento con frecuencia vibratoria especial», «Conexión directa con el universo», «Tipo de entrada a otro espacio», «Momento en el que puedes abrirte, desear o manifestar», «Mayor vibración del universo para conectar contigo», «Momento para decretar un cambio», «Portal con una fuerte carga de energía espiritual que permite la conexión de energías y entidades entre dos planos o dimensiones diferentes»...

Estos portales nos conectan con la energía del universo. Pero yo quiero hablarte también de otros portales de nuestra vida que nos conectan con otras posibilidades en nuestra propia vida.

Porque estamos rodeados de portales energéticos y SOMOS portales energéticos.

Las rupturas.

Las caídas.

Los «fracasos».

Los errores.

Las tristezas profundas.

Los «tiempos entre los tiempos».

La falta de sentido de la vida.

Los procesos en los que nos perdemos, nos rompemos, no nos encontramos, nos están abriendo a un cambio. Son portales energéticos y espirituales en nuestra propia vida. Son llaves de puertas que te llevarán a versiones evolucionadas de ti misma. Son saltos cuánticos en tu propio desarrollo que te elevarán a otra dimensión evolutiva.

Sabiendo esto, CONFÍA. Honra tu proceso, respeta tu momento, ama lo que sea que estés viviendo, porque todo es parte del mismo camino de crecimiento y evolución. Quizá estás ahora mismo cruzando un portal energético en tu propia vida y no lo sabes. Todo es magia. Y tú también.

Tú eres magia cuando aprendes a conectarte con la magia de los portales energéticos en el universo y en ti.

Hemos venido a amar.
Solo eso. Todo eso.

LA MAGIA DEL AMOR

El amor. El tema de nuestras vidas, sin duda. El aprendizaje para el que los seres humanos hemos venido a esta experiencia. Lo más fácil y lo más difícil, lo más cerca y lo más lejos.

Quiero hablarte del amor divino, el amor mágico, más allá de lo que nuestra mente egoísta y llena de miedo nos lleva a creer que es el amor, o lo que hemos aprendido de los referentes que hemos tenido. El amor divino, el amor que mueve el mundo, el amor que trasciende el tiempo y el espacio, que trasciende las vidas, que conecta las almas, que verdaderamente da sentido a todo.

El amor nunca deja de ser.

Corintios 13,8

El amor es la respuesta, y la vida entera es una manifestación del amor.

Paramahansa Yogananda

El amor es un estado de ser.

Jiddu Krishnamurti

El amor es la única realidad,
todo lo demás es una ilusión.

UCDM

Hay diversos tipos de amor y cada tipo de amor tiene su propia magia. Por ejemplo:

- Ágape: el amor incondicional, no busca nada a cambio. Es el amor que trasciende las limitaciones del ego y se da libremente. Este amor tiene el poder de sanar, de elevar y de transformar no solo al que lo recibe, sino también al que lo da.
- Eros: representa la pasión romántica cuando dos almas se conectan a un nivel profundo. Este amor tiene una energía intensa que, si se cultiva con respeto y comprensión, puede crear una unión espiritual entre dos personas.
- Filia: el amor de la amistad. Este amor nos sostiene en los momentos de dificultad y nos celebra en los momentos de alegría. La magia de Filia radica en la lealtad, la complicidad y el apoyo mutuo.

Cada uno de estos amores tiene una energía transformadora que, al ser cultivada, puede traer paz, plenitud y alegría a nuestra vida. Se trata de trascender el ego y ver a los demás como una manifestación de la esencia divina.

En la Kábala, el amor se ve como el principio de la creación. El Ein Sof (la infinita luz de Dios) se despliega en el universo y el amor es la fuerza que une a todas las cosas. Vivir desde el amor significa vivir en armonía con el flujo divino de la vida y trascender el ego.

La Torá, así como la Biblia, con su mandato de «Amarás a tu

prójimo como a ti mismo», nos invita a una práctica del amor verdadero incluyendo la empatía, la justicia y la conexión profunda entre todas las personas (y el Autoamor).

Deepak Chopra describe el amor como la vibración más alta en el universo, como una fuerza que conecta todas las cosas. Recoge que la *conciencia* es el terreno donde se siembra el amor. Al elevar nuestra conciencia, podemos manifestar el amor en nuestra vida de manera expansiva. La mente, a través de la meditación y el enfoque, puede moldear nuestra realidad y permitirnos conectar con la energía universal del amor. El amor cuántico no solo trasciende el espacio y el tiempo, sino que está presente en todos los momentos de nuestra existencia, en la intención de nuestro ser.

El amor es la energía que sostiene el universo.

Recogía Wayne Dyer que el amor es una frecuencia energética en la que todo el universo responde. Él creía que cuando cambiamos nuestra frecuencia interna (nuestros pensamientos, emociones y creencias), atraemos a nuestras vidas lo que está en armonía con esa frecuencia. En términos sencillos: si vibramos en amor, atraeremos más amor.

Saint Germain, maestro ascendido, enseña que el amor es una fuerza alquímica capaz de transmutar todo en la vida, elevando la conciencia a un nivel superior. El amor no solo es una emoción, sino un poder divino que limpia, purifica y eleva.

¿Cómo explicar la magia del amor con tantas implicaciones, significados y fuerzas entrelazadas? Lo único que me sale escribir para ti es que el Amor es magia. Nos llena, nos une, nos impulsa, nos sana, nos empodera, nos lleva hasta el infinito, nos lleva a hacer lo que nunca imaginamos. Amar es la vida misma en todo su esplendor, con toda su profundidad y todo su sentido. Amar es todo lo que hemos venido a hacer aquí.

Quiero compartirte un texto de Thích Nhất Hạnh, de su libro *Cómo amar*, que me gustó mucho como una de las expresiones de amor en nuestra vida cotidiana. Cuenta el monje budista:

«En 1966, una amiga me llevó al aeropuerto de Atlanta. Cuando nos estábamos despidiendo, me preguntó: "¿Es correcto abrazar a un monje budista?". En mi país no estamos acostumbrados a expresarnos de esa manera, pero pensé: Soy un maestro zen, no debería haber problema para mí en hacer esto. Así que dije: "¿Por qué no?", y me abrazó, pero yo estaba bastante rígido. Cuando iba en el avión, decidí que, si quería trabajar con amigos en Occidente, tendría que aprender la cultura occidental. Así es como inventé la Meditación del Abrazo».

La meditación del abrazo es una combinación de Oriente y Occidente. De acuerdo con la práctica, tienes que abrazar realmente a la persona que está en tus brazos. Tienes que hacer que se vuelva muy real en tus brazos, no solo en apariencia, dando golpecitos en su espalda para fingir que estás ahí, sino respirando conscientemente mientras das el abrazo con todo tu cuerpo, espíritu y corazón. La meditación del abrazo es una práctica de plena consciencia.

Inhalando, sé que la persona que quiero está viva en mis brazos. Exhalando, ella es muy preciosa para mí.

Si respiras profundamente abrazando a la persona que amas,

la energía de tus cuidados y tu aprecio penetran en esa persona, que se nutrirá y se abrirá como un capullo en flor.

Según el budismo, el verdadero amor está formado por cuatro elementos:

Esta mirada nos invita a revisar si lo que llamamos amor en realidad lo es, o puede serlo, o quizá es todo lo contrario. Recuerda siempre que el amor es la magia de la pureza, de la transformación y la expansión, y todo lo demás tiene otros nombres.

El amor nos conecta a la belleza de la vida, a la fortaleza, a la magia del universo, a la trascendencia, a la eternidad. La magia del amor mueve el mundo, y también tu mundo.

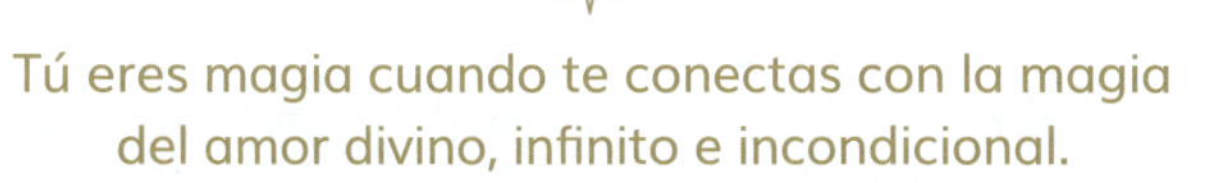

Tú eres magia cuando te conectas con la magia del amor divino, infinito e incondicional.

Crea una cita contigo.
Hay magia en tu encuentro
a solas.
Hay magia en la escucha
a tu alma.
Hay magia en tu encuentro
contigo.

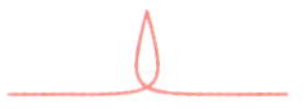

LA MAGIA DE LA SOLEDAD

> En un mundo lleno de ruido,
> la soledad es la canción más hermosa.
>
> Oscar Wilde

La soledad es un encuentro contigo.

Cada espacio vacío que puedas llenar, llénalo de ti.

Cada espacio en blanco que puedas pedir a otros, llénalo de ti.

Encuéntrate en el vacío, ocupa el espacio que te corresponde en tu vida, habita tu propio cuerpo, conecta con tu alma.

Escúchate.

Se hace difícil escucharte en un mundo de ruido, que prefiere la palabra vacía al alma llena.

Encuentra en ti el lugar donde ser magia.

Escucharte para comprenderte. Conocerte a través del encuentro contigo. Y después con el mundo.

Ámate en tu soledad.

En la soledad hay magia, la magia de ver lo que nunca ves, de descansar en ti misma, de crear poco a poco tu lugar de paz en tu mente y tu corazón. La magia de poder elegir, de escucharte profundamente, de mimarte y ser lo más importante para ti misma. Sin miedo. Sin culpa. Eres para ti misma.

Tu tiempo es el regalo más preciado que puedes hacerte. Habitar tu ser. Date la bienvenida y recíbete con el mayor amor que habita en ti. Eres lo más importante de tu vida.

Soledad elegida.

La puedes combinar con otros encuentros, desde un lugar de amor, autoamor y elección. No de carencia. Te elijo, pero no te necesito. Te elijo porque nutres mi alma. Te elijo porque contigo soy más. Porque cuando de verdad te amas desde el alma, incondicional y verdadero, no necesitas el amor de nadie; ya está en ti. «Amar es mirar juntos en la misma dirección», decía Saint-Exupéry. Amar es crear juntos, acompañarse y apoyarse, pero no necesitarse. Quien sabe vivir en soledad y es feliz en ese encuentro con uno mismo, no necesita a otro para ser feliz, lo elige para compartir el camino y nutrirse mutuamente desde lo más profundo del alma.

No tengas miedo de elegir la soledad, aunque tengas pareja, familia o compañeros. No son excluyentes, son complementarios. No tengas miedo a la soledad si no ha sido elegida y es tu realidad ahora. La soledad es una invitación de la vida para que te encuentres —por fin— contigo.

Abraza este momento tal y como es, con todo lo que es.

Amando tu soledad elegida.

Amando tu soledad impuesta.

Amando los momentos compartidos con otras personas.

Amando los encuentros sociales, afectivos y emocionales.

Amándolo todo.

Hay magia en tu encuentro a solas, en la escucha a tu alma, en ser tu prioridad y lo único que importa, esos ratitos. Hay magia en saber llevarse bien con uno mismo. En crear en ti tu más bello lugar de paz.

Sé tu propio refugio.

Crea en ti misma tu propio paraíso.

Descubre dentro ese lugar que estabas buscando fuera.

Abraza quien eres, tal y como eres.

Ama todo lo que hay en ti.

> Tú eres magia cuando amas tu soledad
> como el más bello encuentro contigo.

Desde que amo mi soledad,
mi vida está llena de mí.

Abraza tus tormentas,
porque tienen mucho
que decirte.

LA MAGIA DE LA OSCURIDAD

Nada transforma más tu vida que el amor y la oscuridad.

En los momentos de oscuridad, en los que no puedes ver nada, tampoco puedes verte a ti. La oscuridad del alma, la llamada «noche del alma», se repite tantas veces en la vida como transformaciones necesites vivir. Porque cada proceso de oscuridad te transforma, te expande y, donde antes había noche se dibuja un nuevo día lleno de luz y esperanza. Esa eres tú.

No imaginas todo lo que existe en el mundo creado en momentos de oscuridad. Música, letras, películas, cuadros, diseños, ropa, libros. Los versos más profundos de Neruda, las canciones más tristes de Pablo Alborán, la música más profunda de Ludovico, el arte más personal de Van Gogh o Leonardo.

Mi libro más intenso fue escrito en mi mayor oscuridad. *Confía.*

La magia aparece cuando eliges amar la oscuridad como amas la luz. Decía Carl Jung que la palabra *felicidad* perdería su significado si no estuviera equilibrada por la tristeza. Esto nos habla de la magia que se produce al integrar las polaridades, porque una complementa a la otra. Tú no serías tú sin tus dos partes, por mucho que quieras negar una de ellas. A nadie le gusta ser desagradable, manipuladora, o agresiva (son extremos) pero te ayudan a neutralizar el otro polo. Si fueras siempre exquisita, sumisa o muy dulce también tendrías dificultades: no saber decir no, no poner límites o no cuidarte. Un extremo te ayuda a equilibrar el otro. La oscuridad te ayuda a iluminar más tu luz. En tu oscuridad te paras, reflexionas, amplías la mirada, ves lo que no podías ver, y nace un mundo de opciones y posibilidades que antes no existían. Porque en la luz ves unos colores y en la oscuridad ves otros. Y qué suerte poder tenerlo todo.

Qué mágica la vida que nos mueve de los lugares en los que no tenemos que estar.

La oscuridad te enseña a ver lo que no estabas viendo para que descubras nuevos caminos y nuevas formas de experimentar lo que estás viviendo. Después de un paseo por la oscuridad nunca vuelves a ser la misma persona de antes: tomas decisiones, miras de manera distinta la vida, las relaciones, los sueños y a ti misma. Y a veces la oscuridad se torna la verdadera luz porque te ayuda a crear una nueva realidad y a cambiar de lugar.

No excluyas, no anules, no rechaces todo lo que está para ti, porque todo tiene una función perfecta en este universo perfecto del que eres parte.

En la tristeza también eres magia.

El secreto está en no olvidarte de ti ni en la luz ni en la oscuridad. Saber por lo que estás pasando y por qué estás pasando por ahí en este momento te ayudará a no olvidarte de ti, de este proceso transicional que ha venido a transformarte y expandirte como la mariposa que construye sus alas en la oscuridad de su crisálida antes de volver a la luz. Todo es parte, y todo está bien.

Tu camino hacia el autoamor y la autenticidad necesita de ti que te permitas sentir todo tal y como es, con lo que eso tiene para ti. Y la tristeza también.

No; no te has equivocado, ni has hecho nada mal por sentir esa tristeza. No has retrocedido en tu evolución ni has fracasado en tu desarrollo espiritual. La magia comienza cuando descubres que todo es parte del proceso de evolución, y que esa oscuridad y tristeza ha venido porque tiene cosas que decirte, y tu camino espiritual pasa por transitar ese espacio, escuchar (te) sentir (te) y evolucionar. De la luz a la oscuridad y de la oscuridad a la luz.

Honra tu proceso, honra tu calma, honra tu aprendizaje, honra todo lo que la vida te pone en tu camino.

Spoiler: sostén la oscuridad, porque después brillas.

Tú eres magia cuando amas tu luz y tu oscuridad
y te acompañas en el camino.

Magia en la cueva de Merlín,
Tintagel, Reino Unido, 2024.

LA MAGIA DE SER TÚ

Ser tú es un viaje sin mapa.

Vivir la magia de ser tú es abrazar, con todo tu ser, la verdad de que eres suficiente tal y como eres en este momento. Saber que en ti ya está todo, que eres creación y creadora, magia y maga, inicio y final.

Ser quien eres. Ser lo que eres.

La magia está en la aceptación de cada parte de ti: la aceptación de la luz, de la sombra, abrazarte en los días en que te sientes invencible y también en aquellos en los que te sientes vulnerable. En cada momento hay una oportunidad para amarte un poco más, para mirarte sin juicio y abrazar tu humanidad con respeto, presencia y autoamor. Esa es la magia: vivir lo que eres a cada instante, ser tu propia compañía, mirarte con ojos de amor y vivir desde tu autenticidad.

Ser quien eres. Ser lo que eres.

Leí un texto de Jesús Terrés donde decía: «Antes, cuando era más joven pensaba que para llegar a ser quien eres necesitabas armar un camino, una lista de anhelos, objetivos, una meta a la que llegar, convertirte en algo que todavía no eres. Ahora pienso (siento) que es exactamente al revés, no se trata sumar, sino de restar. Lo que llegarás a ser ya está ahí, como el David de Miguel Ángel oculto bajo el mármol de Carrara. Vivir es descortezar esas capas hasta que solo quede el hueso, quemar los brezos cuando acabe el invierno, quitar lo que sobra para quedarte con lo que eres. Vivir es desandar. Saber dónde estás. Estar con los míos, ser de verdad, mirar el mundo bonito, buscar las alegrías, escuchar con el corazón, dejar que las cosas duelan, ser (cada día) consciente del milagro. Es que lo es».

Me encantó la reflexión porque siempre he sentido que evolucionar es involucionar, ir hacia dentro, y evolucionar hacia lo que eres resulta ser como quitar ese mármol que sobra en tu perfecta existencia. Ser lo que eres es recuperar tu magia, esa que siempre ha estado ahí, escondida tras todo eso que no eres tú, que no es tuyo y que ya puedes tallar para dejar ver el gran tesoro que siempre fuiste.

Ser quien eres te libera. No hay peso, no hay deber ser, no hay destino, todo es camino. Vivir la magia de ser tú te llena de presencia, gratitud y amor por quien eres.

Todo está bien en ti.

No tienes que ser nada más de lo que ya eres.

Tu capacidad de superar la dificultad y transformarte por el camino es magia.

La fortaleza que te salva tantas veces es magia.

El amor que te mueve es magia.

Siempre has estado completa/o.

Siempre has sido magia.

Tú eres magia cuando eliges caminar
hacia lo que siempre fuiste.

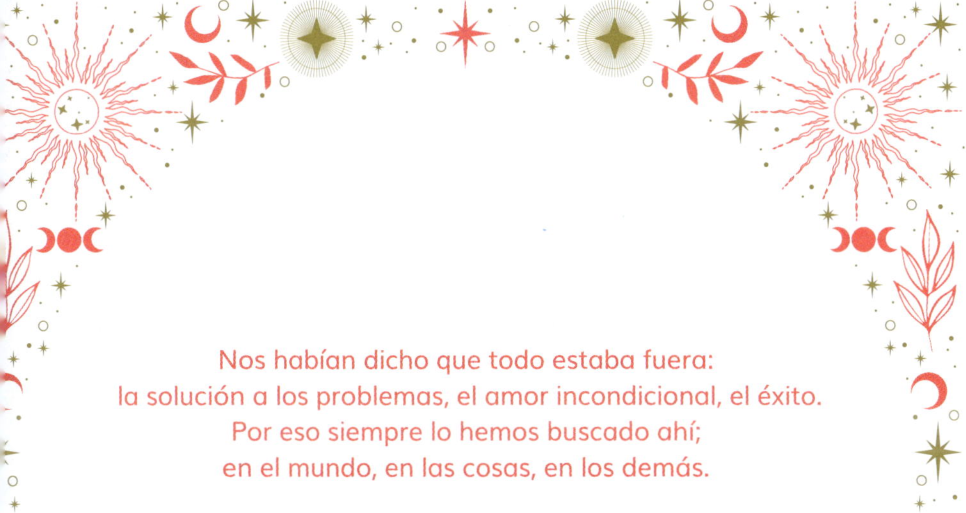

Nos habían dicho que todo estaba fuera:
la solución a los problemas, el amor incondicional, el éxito.
Por eso siempre lo hemos buscado ahí;
en el mundo, en las cosas, en los demás.

Nadie nos dijo nunca que todo lo que buscábamos fuera
estaba en realidad dentro;
que todo lo que buscábamos ser, en realidad ya lo éramos,
solo teníamos que dejarnos ser;
que todo lo que nos permitiéramos soñar
lo podríamos hacer realidad.

Hasta hoy.
Hasta ahora.
Hasta tú.
Vive la magia de ser tú.

Texto de *365 citas contigo*

Tú eres magia cuando te permites vivir
todo lo que la vida tiene para ti.
Inspirarte.
Emocionarte.
Soñar.
Crear.
Compartir.
Reinventarte.
Vivir.
Una y otra vez.
Como un camino sin final, que siempre empieza de nuevo.
Una vez y otra más.
Recordándote a cada paso que
nunca llegas del todo
ni te pierdes del todo
ni te conoces del todo.
Para que cada día tengas un nuevo regalo,
un nuevo camino, un nuevo descubrimiento,
una nueva versión de ti.
Confía en la magia que la vida tiene para ti.
Confía en la magia con la que tú puedes crear tu vida.

LA MAGIA DE VIVIR LAS EMOCIONES

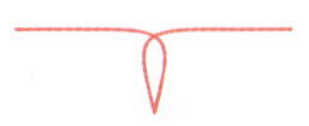

El corazón tiene razones
que la razón no entiende.

Blaise Pascal

Somos expertos en no escuchar, en aparentar, juzgar, rechazar, no querer mirar. Y esto mismo hacemos con las emociones. Con eso que sentimos. Con lo que nuestro cuerpo nos manda como señal mágica para actuar, como brújula para vivir, como respuesta y pregunta al mismo tiempo.

La magia llega a nuestra vida cuando nos abrimos a sentir lo que es, a vivir lo que nuestro cuerpo nos trae, a escuchar y comprender lo que nuestro cuerpo nos muestra con cada respuesta biológica, con las emociones, con los síntomas, con la enfermedad, con el dolor. Todo nos trae un mensaje que necesitamos escuchar y esa escucha tiene el poder de cambiar nuestra vida.

El poder de vivir la emoción con todo lo que nos trae. El poder de sentir el dolor con todo lo que nos dice. El poder de amar lo que es, también en tu cuerpo.

Reconocer.

Sentir.

Permitir.
Comprender.
Agradecer.
Dejar ir.

En mi libro *Autoamor* te compartía una fórmula para relacionarte con tus emociones desde el autoamor, y me encanta recordarla por si te sirve en tu vida. Se llama POCAA: poner luz a lo que sientes, observar sin juicio lo que sientes, comprender de dónde viene y qué quiere decirte (mensaje), abrazar lo que es tal y como es, y amar (y amarte) sea lo que sea que estés sintiendo (por supuesto también en la tristeza).

Amarte en la tristeza. Amarte en la ira. Amarte en la alegría. Amarte sea lo que sea que sientas. Amarte como esa alma viviendo una experiencia humana que se expone a vivirlo todo para Vivir sintiendo. Aprender a recibir el mensaje que esa emoción te trae, sin rechazar al mensajero. Permitir ser lo que es, permitirte sentir lo que sientes.

El *mindfulness* es un bello encuentro contigo que te invita a conectarte con todo lo que eres, tal y como es. La magia de saber qué está pasando en ti.

En ti, por ti, a través de ti y para ti. Solo desde ahí puedes sentir lo que es, puedes reconocer, puedes comprender, puedes permitir, puedes actuar. La conexión contigo es magia.

La conciencia emocional de ti misma. La mirada a tu mundo interior. La escucha a todo lo que hay en ti. Tu magia está siempre en tu autenticidad. Vivir lo que eres. Vivir lo que es, tal y como es.

Brené Brown aportó mucho sobre el poder de la vulnerabilidad para ser verdaderamente tú en la vida. Permitirte ser vulnerable en tu mundo emocional es permitirte sentirlo todo, y eso, ineludiblemente, te permite conectarte profundamente con tu ser. Ser tú.

Que todo lo que llevo en mí se convierta en magia, en amorosa magia.

El dolor, las penas, el llanto, que regresen en un flujo amoroso al río de la vida.

Que yo sea capaz de entenderlo, de captar el aprendizaje de por medio, y luego lo entregue al fluir del Universo.

El amor, las alegrías, los triunfos, que sean compartidos en este mismo río, que lleguen a todos en el mundo, y que siempre seamos capaces de vernos florecer.

Hoy yo decido qué llevo dentro de mi vasija, dentro de mi cuerpo.

Tomo del río de la vida, y de la misma manera, me permito fluir.

La Mujer Lunar

Tú eres magia cuando te permites sentir todo
y recuerdas que hemos venido a Sentir.

El cuerpo viene a morir
y el alma viene a aprender.

LA MAGIA DE AMAR EL ALMA DE LAS PERSONAS

En estos últimos años tengo una relación emocional complicada con mi hija, mi mayor fuente de aprendizaje consciente. Algo normal para mamás y papás de hijos adolescentes; todo un reto, para ellos y para nosotros. Muchas veces la relación con las personas de mi vida es complicada. Estoy segura de que para ellos también es complicado relacionarse conmigo muchas veces. Somos humanos; se nos olvida, pero lo somos. Ser humano es aprender y evolucionar en este camino de vida mientras experimentas con las emociones, los vínculos, tu propio desarrollo, experiencias agradables y amorosas, experiencias desagradables y desastrosas. Todo junto. Y en ese camino de encuentro con tu propia humanidad, descubrir que, en realidad, detrás de esa piel humana, del milagro perfecto que es tu cuerpo con un funcionamiento milimétricamente orquestado e inexplicable, de tus miedos, tus necesidades, tus sueños, tu fortaleza, tu temperamento, tu amor, hay un alma.

Detrás de lo que se ve en ti, solo hay alma.

Y detrás de esa persona que tanto amas, también.

Y, aunque no lo creas, detrás de esa persona que tanto daño te hace, también.

Hay magia en recordar que somos almas relacionándonos con almas, aunque no como almas. Nos relacionamos como humanos (y a veces ni eso). En momentos difíciles es bueno recordar que la persona que tienes delante en realidad es un alma experimentando su humanidad. Con todo lo que eso conlleva. Y que los mayores aprendizajes y vínculos —parece ser— fueron pactados para su evolución. Comprensión y compasión.

En los momentos difíciles, recuerda que tú misma eres un alma teniendo una experiencia humana, y has venido a aprender, experimentar y evolucionar.

Has venido a sentir.

Has venido a vivir.

Cada una de las experiencias y tu forma de vivirlas forman parte de este proceso mágico y precioso que es tu evolución.

Experimentación - consciencia - aprendizaje - evolución.

No puede haber evolución sin todo lo anterior. Por eso es necesario vivir, vivirlo, abrirte a la experiencia, permitir que te transforme, entregarte a la vida. Vivir de verdad, al fin y al cabo.

En nuestro último viaje a París, miré a mi hija mientras estábamos en el avión y le dije en silencio: «Pase lo que pase, siempre amaré tu alma».

Porque al recordar que más allá del ego y la máscara que vemos somos almas aprendiendo a vivir, se hace la magia.

Hemos venido a experimentar.

Hemos venido a recordar.

Hemos venido a aprender.

Hemos venido a establecer vínculos afectivos que nos impulsen en nuestro crecimiento espiritual.

Hemos venido a amar.

Hemos venido a conocernos a nosotros mismos.

Hemos venido a disfrutar.

Hemos venido a sentir.

Hemos venido a recordar cómo confiar.

Hemos venido a descubrir que siempre hemos sido uno.

Hemos venido a descubrir que todo es un plan perfecto de nuestra alma para evolucionar y crecer.

Hemos venido a recordar nuestra conexión con la fuente.

Hemos venido a recordar que somos almas en aprendizaje y evolución.

Hemos venido a evolucionar.

Si aprendemos que ya sabemos todo esto y que esa verdad siempre estuvo ahí, nuestra experiencia aquí tendrá mayor sentido.

La magia está en recordar que somos almas aprendiendo a vivir.

Tú eres magia cuando recuerdas que eres un alma en una preciosa y perfecta evolución.

Usa tu dolor para comprender
el dolor de los demás. Usa tu
tristeza para elevar tu mirada
y comprender la historia
que hay detrás de cada persona.

LA MAGIA DE LA EMPATÍA. RESPETO. COMPASIÓN

La empatía es el puente invisible
que conecta dos almas.

Empatía hacia ti misma. Respeto hacia ti misma. Compasión hacia ti misma.

Siento que todos tenemos una parte de nuestra vida que no contamos a nadie. Conflictos, tristezas, vínculos tóxicos, personas que nos hacen daño, situaciones duras y difíciles, pérdidas y duelos no superados. Y lo que nos queda por vivir... La vida también va de eso. Justo hoy estaba pensando que, si todas las personas que me leéis o me veis por redes conocieseis verdaderamente esa parte más oculta de mi vida os llevaríais las manos a la cabeza. A veces por la fortaleza que veríais en mí y otras por la aparente incoherencia que notaríais. Todo junto. A veces no cuento más por respeto a terceras personas involucradas a las que no quiero exponer como me expongo yo, porque no tengo derecho. Pero, en un intento de equilibrio con la sinceridad y transparencia que me caracterizan como persona y escritora, sí podría decirte que si pudieras mirar por un agujerito mi vida en ese espacio reservado para mis personas más íntimas, verías a una Laura que a veces se calla para mantener el orden en el hogar, que hace malabares para cuidar mientras intenta no olvidarse de su propio equilibrio emocional, que vive apagando fuegos (a veces muy grandes) y en alerta continua, y que sostiene, acompaña, apoya, impulsa y cuida a las personas que forman parte de ese núcleo inmediato, con el rol de mujer fuerte, con recursos (materiales y emocionales) y amor. Ahí en medio, yo, con mis sueños, mi trabajo de acompañar líderes en su desarrollo, mis viajes de trabajo y de placer, mi humanidad (mis miedos, mis necesidades y deseos, mi amor, mis enfados). Y multiplica esa emocionalidad, agotamiento y empatía por cien, por mi alta sensibilidad.

Te lo he compartido, solo por si te ves reflejada en alguna parte. No es una queja, es una reflexión de realidad. Un acto de honestidad. Un paso inicial para elegir desde ahí cómo quiero relacionarme con esa realidad. Un ejercicio para hablarte de empatía, respeto y compasión.

Tener esta realidad complicada en muchas partes me abrió a comprender más y mejor a las personas con realidades parecidas y a no juzgar.

La magia que tiene para nosotros vivir situaciones difíciles es que nos ayuda a conectarnos con las personas que viven situaciones parecidas, a comprender, respetar más y no juzgar.

En mis cuatro últimos años, por las circunstancias que he vivido, he descubierto que puedo entender más a todas las personas del mundo con sus decisiones; a los que eligen irse para no afrontar, a los que eligen ir en contra del sistema para autoafirmarse, a los que eligen evadirse de la vida tomando sustancias, a los que eligen irse de la vida para no sufrir. Mi aprendizaje es el amor. Aunque sea difícil, o muy difícil, estoy aprendiendo lo que es verdaderamente el amor incondicional.

Obviamente, es un acto de amor hacia ti misma (autoamor, en esencia) elegirte, elegir irte, terminar relaciones que te hieren, poner límites o romper vínculos, y te invito activamente a ello. No obstante, no siempre se puede o no todo el tiempo. Me ha ayudado muchas veces preguntarme para qué. Cuando mi mente humana no puede entenderlo, me pregunto «¿para qué estaré yo en la vida de esta persona?» o «¿para qué esta persona estará en mi vida?». Y a veces me llega una respuesta desde el amor que me ayuda a mirar la realidad de otra manera.

Usa tu dolor para comprender el dolor de los demás. Usa tu tristeza para elevar tu mirada y comprender la historia que hay detrás de cada persona.

No te invito a justificar o soportar. Solo a mirar, sentir, comprender, y ampliar tu mirada desde tu corazón. Esta empatía, respeto y compasión que se activa hacia los demás cuando vives situaciones complicadas, te invito a usarla hacia ti misma también.

Empatía para contigo, con tus procesos, tus tiempos, tu forma de vivirlo, tu historia, tus apoyos, tu realidad.

Respeto a tu forma de vivirlo, a lo que necesitas para sostenerlo y sostenerte, a cómo vives este proceso en cada momento de tu vida.

Compasión contigo misma, comprendiéndote y acompañándote sin soltarte de la mano, que es lo que te da la fortaleza para afrontar todo lo que la vida te traiga.

Amor y autoamor. Respeto, empatía y compasión, contigo misma y con los demás para hacer más bonito (y mágico) el mundo.

Que tú seas siempre el lugar a donde volver.

Que tú seas siempre tu lugar de paz.

Que tú seas siempre ese lugar seguro donde todo está bien.

Que puedas perdonarte y comprenderte en cada paso de tu camino.

Que te permitas intentarlo, el error, la experiencia y el aprendizaje.

Tú eres magia cuando miras a los demás desde el corazón. Y a ti misma.

Recuérdate cada día
que mereces una vida
llena de amor y magia.

«*Slow* tú»:

Activa tu versión más lenta para regalarte esa presencia consciente que te permite vivir de verdad. Mirarte, sentirte, vivirte.

Mirar de verdad el mundo, sentir el mundo, vivir el mundo.

SLOW LIFE. SLOW LOVE. SLOW TÚ

Si tu mente no está anclada en el presente,
no verás las maravillas que te rodean.

Thích Nhất Hạnh

Dormir poco e inquieta. Despertar con despertador y levantarte corriendo. Preparar el desayuno. Levantar a tus hijos, si tienes. Correr. Literalmente, soltarlos en el cole, o donde sea. Correr. Llegar a tu lugar de trabajo, a esa reunión, a la clase o a donde tengas que estar hoy. Salir corriendo. Recoger a tus hijos, hacer la compra, hacer la cena, recoger la casa, ducharte, cenar, acostarte agotada. *Repeat.*

Hoy no te ha dado tiempo a hacer deporte. Tampoco a mirarte al espejo. Mucho menos a preguntarte cómo te sientes. No has estado ni un segundo contigo misma. Un día más como todos los demás. No te habías dado cuenta, quizá, de cuántos días llevas vividos así. Vivir no es sobrevivir. Vivir sometidos a esta presión por el tiempo, este ritmo intenso, esta ausencia de descanso, no es vivir. Es sobrevivir. Hola, ¿cómo estás? La respuesta correcta sería «sobreviviendo».

Y qué tristeza no darnos cuenta a tiempo de que tenemos el

poder de vivir diferente, de habitar cada uno de tus días, de vivir con consciencia cada día de nuestra vida.

Una persona vive aproximadamente 25.568 días en setenta años. ¿Crees que vivimos conscientes, con presencia, esos 25.568 días? La respuesta es *no*. Si le restamos la infancia, donde no hay mucha consciencia de presencia, ya son en torno a seis o siete años menos. De ahí en adelante, tampoco mejora mucho; teniendo la posibilidad de vivir en presencia y con tiempo consciente, anestesiamos esa presencia con ritmos impuestos, deberes, obligaciones y preocupaciones. Todo eso que nos lleva al ayer, al mañana, al otro, pero nos aleja de nosotros mismos.

Para que te hagas una idea cuantitativa, si vivimos setenta años y vivimos con consciencia un 35 por ciento del tiempo (que me parece demasiado, es una estimación muy optimista), en el total de tu vida, durante setenta años, que son 25.568 días, tendrías solo 7.122 días de encuentro contigo, de vivir la vida, de sentir lo que es. Siento que es una estimación demasiado alta, ya que hay personas que no llegarían a 1.000. Pero ese dato optimista también impresiona. Tu vida se reduce a 7.000 días, lo demás no existe. No existe porque no lo has vivido; has sobrevivido.

Según algunos estudios, las personas pasan alrededor del 47 por ciento de su tiempo en estado de lo que se llama *mind-wandering* (sin estar completamente presentes, pensando en cosas no relacionadas con lo que están haciendo en ese momento) (Killingsworth, M. A., & Gilbert, D. T. 2010). Si duermes ocho horas y estás despierta dieciséis horas, y estás cerca del 50 por ciento en piloto automático, en el mejor de los casos vives ocho horas al día. Aunque no tengo muy claro que esa presencia sea la presencia de la que estamos hablando: vivir conectada contigo y con lo que ocurre en tu vida; con las sensaciones, las personas, y la vida en general. Sentir, conectar, no reaccionar o responder. Profundizar. Disfrutar. Vivir.

Slow life como forma de parar ese ritmo impuesto a nivel social que nos aleja de nosotros mismos. El resultado de ese correr todo el tiempo y vivir bajo la presión de las horas y del deber es que tenemos un sistema nervioso traumado, agotado, que ya no sabe relajarse y vive en constante alerta. El resultado fisiológico es la enfermedad. Tú eres magia cuando descubres que tienes el poder para calmarlo, calmarte, habitar el presente, vivir tu vida con presencia y consciencia, pausar la forma en la que te relacionas con la vida, disfrutar de cada actividad que hagas.

Quiero invitarte a vivir con consciencia las actividades cotidianas. Despiértate dando las gracias, a la vida, por un día más, y a ti, por vivir aquí un día más. Haz café. Muele los granos si te gusta el sabor intenso. Huélelo antes de tomarlo. Bebe el primer sorbo de forma consciente. Saboréalo. Vístete eligiendo lo que quieres ponerte hoy. Maquíllate con calma disfrutando de tu momento. Abraza a tus hijos o a tu pareja o a tus mascotas, sintiendo el abrazo. Pregunta cómo están a las personas que te encuentres y quieras, y quédate a escuchar la respuesta. Camina caminando. Vive con presencia. Estás aquí y ahora. Reduce el ritmo de la vida para ti. Elige pasar de sobrevivir a vivir. Agradece con corazón a la vida que te sostiene. La gratitud es la llave mágica de la vida.

Slow love. Cocinar a fuego lento las relaciones, cultivar las miradas, sentir sus manos en tus manos, acariciar, conectar. *Conectar*, qué bella palabra. Para conectar es necesario que estés presente. El amor despacio. La conexión con presencia. Priorizar lo importante. Amar amando. Sentir. Vivir.

La vida necesita que te elijas viviendo. Ese *slow tú*, en el que activas tu versión más lenta para regalarte esa presencia consciente que te permite vivir de verdad. Mirarte, sentirte, vivirte. Mirar de verdad el mundo, sentir el mundo, vivir el mundo.

Hay magia en reducir el ritmo impuesto y vivir tu vida a tu manera. Hay magia en elegir conectar con el momento presente y sentir la vida en todo su esplendor.

Tú eres magia cuando eliges reducir el ritmo impuesto y vivir plenamente cada día.

MANTRAS PARA UNA VIDA MÁGICA

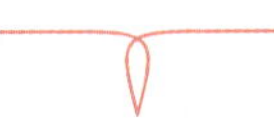

- ✧ Soy un canal infinito de luz y magia.
- ✧ Cada respiro me conecta con el poder del universo.
- ✧ Confío plenamente en la magia de la vida que me rodea.
- ✧ Mi corazón está abierto a recibir abundancia ilimitada.
- ✧ Hoy elijo vivir con alegría y gratitud.
- ✧ Mi alma brilla con la energía de mis sueños cumplidos.
- ✧ El Universo conspira a mi favor y me guía en cada paso.
- ✧ El poder de la transformación está dentro de mí.
- ✧ Estoy alineado con la frecuencia del amor y la abundancia.
- ✧ Cada pensamiento positivo es una semilla que siembro para mi futuro.
- ✧ Soy la creadora de mi propia realidad.
- ✧ La magia vive en mi interior y se expresa a través de mis acciones.
- ✧ Mi intuición me guía hacia decisiones sabias y llenas de luz.
- ✧ Soy un imán para las oportunidades divinas.
- ✧ El amor y la paz son las energías que gobiernan mi vida.
- ✧ Todo lo que necesito ya está dentro de mí y se manifiesta en el momento perfecto.

- ✧ Mis pensamientos son creadores de la realidad mágica que deseo vivir.
- ✧ La vida es un regalo y la recibo con los brazos abiertos.
- ✧ Mi alma sabe el camino y confío en su sabiduría infinita.
- ✧ Soy digna de recibir todo lo bueno que el universo tiene para mí.
- ✧ Cada día es una nueva oportunidad para crear magia en mi vida.
- ✧ Mi energía es poderosa y transformadora.
- ✧ Todo se alinea para mi mayor bien y éxito.
- ✧ Estoy en perfecta sincronía con la energía cósmica.
- ✧ Mi vida es un reflejo de la abundancia y la magia que existe en el universo.
- ✧ Hoy me libero de todo lo que ya no me sirve y hago espacio para la magia.
- ✧ Soy un ser divino, capaz de crear un mundo lleno de maravillas.
- ✧ La magia de la vida fluye a través de mí y me lleva hacia mi destino perfecto.
- ✧ Cada desafío es una oportunidad para conectar con mi poder interior.
- ✧ La magia no está afuera, está dentro de mí, y cada día la descubro más.
- ✧ Hoy elijo abrazar mi poder interno y recordar que soy magia en acción.
- ✧ Confío en cada paso que doy, porque el universo siempre me guía hacia lo mejor para mí.
- ✧ Mis sueños son valiosos y merecen ser manifestados con todo mi corazón.

- Me abro a recibir todo el amor, la abundancia y las oportunidades que la vida me ofrece.
- Cada día me conecto más con la esencia poderosa que soy.
- Soy una fuerza de luz y amor que transforma todo lo que toca.
- Mis pensamientos y emociones crean una realidad mágica, y elijo nutrirlos con sabiduría.
- Soy digna de todo lo bueno que la vida tiene para mí, y me permito recibirlo con gratitud.
- Hoy dejo ir todo lo que me limita, y abro espacio para la magia de mi ser.
- Cada desafío es una oportunidad para crecer, y yo elijo aprender y evolucionar.
- Mi intuición es mi mejor guía, y confío profundamente en ella.
- Soy una creación única y perfecta, llena de poder y sabiduría ancestral.
- En cada momento, elijo soltar el miedo y abrirme a las infinitas posibilidades que la vida tiene para ofrecerme.
- Mi alma sabe lo que necesita, y yo le doy permiso para expresarse con libertad.
- Estoy en el camino correcto, y todo lo que he vivido me ha preparado para este momento.
- La magia está en cada respiro, en cada paso, y en cada momento que vivo.
- El Universo está lleno de milagros, y hoy elijo abrirme a recibirlos.
- Cada detalle de mi vida está impregnado de magia divina.
- El mundo está lleno de posibilidades infinitas y soy capaz de aprovecharlas todas.

- ✧ Veo la belleza y la magia en todo lo que me rodea, porque el universo me habla en cada instante.
- ✧ Todo lo que necesito ya está aquí, la magia está en mi presente.
- ✧ Cada día, me abro más a los regalos ocultos que la vida tiene para mí.
- ✧ Las estrellas, la luna, el viento y la tierra me guían, y yo confío en su sabiduría.
- ✧ El cosmos conspira a mi favor, y cada día se revela más magia a mi alrededor.
- ✧ El Universo me habla con señales, y cada vez las reconozco con mayor claridad.
- ✧ Soy parte de la danza cósmica de la vida, donde todo es mágico y todo está conectado.
- ✧ Cada amanecer es una nueva oportunidad para ver la magia en lo cotidiano.
- ✧ La naturaleza me recuerda diariamente la magia infinita que está en todo.
- ✧ El poder de la creación está en mis manos y todo lo que toco se llena de magia.
- ✧ Me conecto con la magia del momento presente, donde todo es posible.
- ✧ El Universo tiene un plan perfecto para mí, lleno de magia.
- ✧ La magia fluye a través de mí con cada acción, pensamiento y palabra.
- ✧ Todo lo que me rodea me recuerda que soy parte de algo mucho más grande.
- ✧ La gratitud es la llave mágica de mi vida.
- ✧ La magia también está dentro de mí, esperando ser sentida.

GESTOS DE AMOR PARA UNA VIDA MÁGICA

Tú también puedes crear un mundo más bello con pequeñas acciones llenas de amor. Comienzo la lista yo y la terminas tú ♥.

- Saluda a personas invisibles, esas personas que nos rodean, pero nadie atiende, como limpiadoras, personal de seguridad en las tiendas, que casi nunca atendemos. Contribuye a que se sientan vistas e importantes.
- Agradece el trabajo y dedicación de las personas todo lo que puedas. Si es posible para ti agradece con una propina, especialmente cuando no se lo esperen, y si no es posible, con una gratitud honesta desde tu corazón.
- Mira a los ojos a las personas y reconoce lo bello en ellas, y si es posible para ti, díselo. Les harás un hermoso regalo.
- Contribuye en la medida que puedas con una o varias ONG que tengan motivos que te inspiren. Un muy poco más otro muy poco es mucho, y podemos impactar en la vida de muchas personas.
- Conéctate con los animales, las plantas, y la vida que te rodea. Sentirte parte del todo te hará vivir en una conexión mágica contigo y con el universo. Aliméntalos, cuídalos, habla con ellos. La vida es mucho más bella conectada a ellos.
- No estamos solos. Abrirte a la posibilidad de los seres elemen-

tales y otras presencias no visibles para nuestro ojo humano te conecta a una vida mágica. Que no puedas verlos no quiere decir que no te acompañen.

- Expresa tu amor y las palabras de afecto a las personas que quieres. Que lo sientas no quiere decir que lo sepan, por ello el amor que sientas compártelo. Embellecerá el vínculo y el alma.
- Respeta la naturaleza, la esencia de las cosas, siente lo sagrado por donde pisas, cuida el mar, el río, el aire, la tierra, recuerda que estamos aquí de paso, que todo es prestado, y que lo más bello que podemos hacer es dejar lo que pisamos mejor de lo que lo encontramos. Bendice cada paso que das.
- Impulsa a las personas que conoces a ser mejores de lo que creen, a creer en ellas como nunca, a soñar y a hacer realidad eso que sueñan. A las personas a veces les falta confianza y determinación, pero tienen las capacidades para conseguirlo si sienten que alguien cree en ellas.
- Confía en las personas. Claro que no todo el mundo actúa desde su corazón, algunos viven desde el miedo, la carencia y escuchan esa parte de maldad que también reside en el ser humano, pero lo más bello que puedes hacer es mantener tu fe en la bondad y seguir confiando.
- Escuchar es amar. Escucha con todo tu ser, cuando te sea posible, para que la otra persona se sienta importante para ti. Hazlo como te gustaría que lo hicieran contigo.
- Intenta no juzgar, y comprender más a las personas que se abren a ti. Cada uno tiene su mirada a la vida, cada uno ve lo que es, y las gafas ante la vida son las creencias, necesidades y heridas, por tanto, es imposible juzgar porque la otra persona está viendo algo que tú no ves. Juzga menos e intenta comprenderlo todo. Empezando contigo misma.

✧ Regala presencia y regálatela. Cuando estés con alguien, está con alguien. Cuando comas, come. Cuando te duches, dúchate. Cuando preguntes cómo estás, quédate a escuchar la respuesta. La presencia es uno de los gestos de amor más bellos hacia los demás y para ti misma.

✧ ______________________________

____

____

✧ ______________________________

____

____

✧ ______________________________

____

____

Gracias.

Que el amor y la magia iluminen tu vida

EPÍLOGO

Al entregar el manuscrito a mi editora, se me ocurre preguntarle la fecha de publicación, porque no lo habíamos hablado: «25 de septiembre», me dice.

Claro, 25/9/25. No podía ser de otra forma. Magia. El anterior, *Auténtica*, nació el 4/4/24. También magia. *Confía*, el 9/9/22. No sé cómo explicarlo. No lo elijo yo, lo elige mi editorial y no lo hacen conscientemente, es solo magia. Solo. Magia.

Me pregunto cómo vivir sin verla. Sería como ir con una venda en los ojos, cuando la magia se te muestra en cada detalle de tu realidad y haces esfuerzos extraordinarios para no verlo y, cuando logras verlo, para no creerlo, porque, total, ¿cómo va a ser eso posible? Elegir no creer. Me pregunto cuánto nos estamos perdiendo cuando elegimos no creer, no ver, no ser.

Dejar caer la venda que te impide ver la magia te muestra el milagro que eres, el milagro que somos, lo imposible hecho posible, y la Vida como un juego de sincronicidad, serendipia e hilos cruzados por algo más grande que nosotros.

Yo elijo creer.

Yo elijo creer en los milagros, sentir los milagros y ser el milagro.

En España se publican en torno a cien mil libros al año, y que este libro llegue a tus manos (y a tu corazón), así como mis libros anteriores, para mí es magia, un milagro, serendipia, destino. Y en medio de esa magia me siento honrada y afortunada de que mis libros te acompañen y te guíen en parte de tu camino.

No; en este plano nada es casualidad.

Todo es causalidad.

Tenía que escribir ese libro, y tenía que llegar a ti.

Cada día doy las gracias por ello.

Deseo que este libro te haya mostrado un poco más sobre el camino de la magia en tu vida, y la magia en ti. La vida, el Universo, Dios, te regala cada día el poder de vivir desde esa Magia, de compartirla, expandirla, recordarla, crearla, y crear un mundo más bello, mágico y lleno de milagros.

Quizá hemos venido a eso. A vivir. A descubrir. A recordar. A compartir. A amarnos y a amar.

Quizá es el momento de recordar que somos magia.

Que siempre lo hemos sido, y que siempre lo seremos.

Y, desde hoy, ya lo sabemos.

Gracias por este camino juntos. Nos vemos en los libros y en la magia que nos rodea.

Te amo.

Laura

AGRADECIMIENTOS

Mi libro número 11 tenía que estar lleno de esa magia que nos rodea. Mi vida, lejos de ser fácil, está llena de magia y de personas mágicas, que hacen que mi viaje por aquí sea más bonito, menos duro y con más sentido.

Mi sobrina Mía representa el amor que a veces no sé que merezco, y desde aquí quiero darle las gracias por esos *tata te amo* que me regala cada día. Yo también te amo, princesa.

Hay personas en mi familia que a estas alturas me preguntan por qué no han salido en mis libros, así que un beso muy fuerte a Andrea, Antonia, tito Paco, Rous y a todos mis titos y familia. En especial a mi tía María José, que es mi clon espiritual en este plano y nuestro compartir nos hace sentir menos raras. Ojalá todos tuviésemos uno de esos.

Mis padres, siempre sosteniendo el orden familiar para que yo pueda hacer lo que he venido a hacer. Eso también es magia; la magia del Universo reflejado en el sistema. Gracias a su apoyo puedo viajar, trabajar, explorar, disfrutar, vivir. Experimentar para expandirme. Hacer lo que he venido a hacer. Papá, mamá, gracias por vuestras raíces y alas. Y a mi hermano, que, en silencio, también sostiene.

Mi hija, mi gran maestra, Norah, me ha enseñado este año la magia de la autenticidad, la magia de ser tú, aún con el mundo en contra, y que juntas somos más fuertes. Su bruja interior ya está empezando a llamar a la puerta para cuando ella quiera escuchar sus poderes. Solo quiero decirte que siempre estaré aquí para ti.

Cuando pienso en mi lugar seguro siempre me vienen ellas, mis hermanas Paqui y Úrsula, hermanas de alma con las que estaré hasta el final de mi viaje aquí. Ojalá poder ayudaros más, estoy muy orgullosa de vuestra fuerza y resiliencia. Nos amo juntas hoy y para siempre.

Este año he compartido muchos viajes y proyectos de liderazgo con mi amiga-hermana Noelia Romero y quiero darle las gracias por hacer mi vida más bonita con su dulzura, empatía y amor. Y a Carmen y Miriam que nos recordamos el Autoamor cada día. Qué suerte que la vida nos haya querido juntas.

Y al pensar en mis viajes transformacionales, de esos que expanden mi alma, me vienen las personas con las que los he compartido, que hacen que sean tan mágicos (y pueda tener esas imágenes tan bellas): mi hermana Mentadays, Venus, Caro, Ferrán, Cristina, Myriam y Eva y las guardianas de Avalon, y muchas más. Una mención especial a mi compañero de viaje, Antonio. Su sol en sagitario lo hace explorador como yo, y nos une descubrir el mundo con otros ojos. Gracias por tu amor incondicional.

Gracias a mi editora, Mónica Adán, por ser el regalo más bonito que el mundo literario me tenía guardado. Por tu ilusión, confianza y cariño. Soy muy afortunada de crear contigo. David Trías, gracias por tu apoyo e impulso siempre.

Gracias a ti que me lees, que, comprando y regalando mis libros, haces posible que pueda seguir creando y compartiendo mi mirada al mundo, disruptiva, porque cada día se hace más difícil mirar con amor a un mundo cada día más cruel. Nuestro reto es seguir creyendo y creando desde el amor y para el amor. Y compartiendo amor. Gracias por creer conmigo.

Nos vemos en los libros.

Gracias infinitas.

Con todo mi amor,

Laura

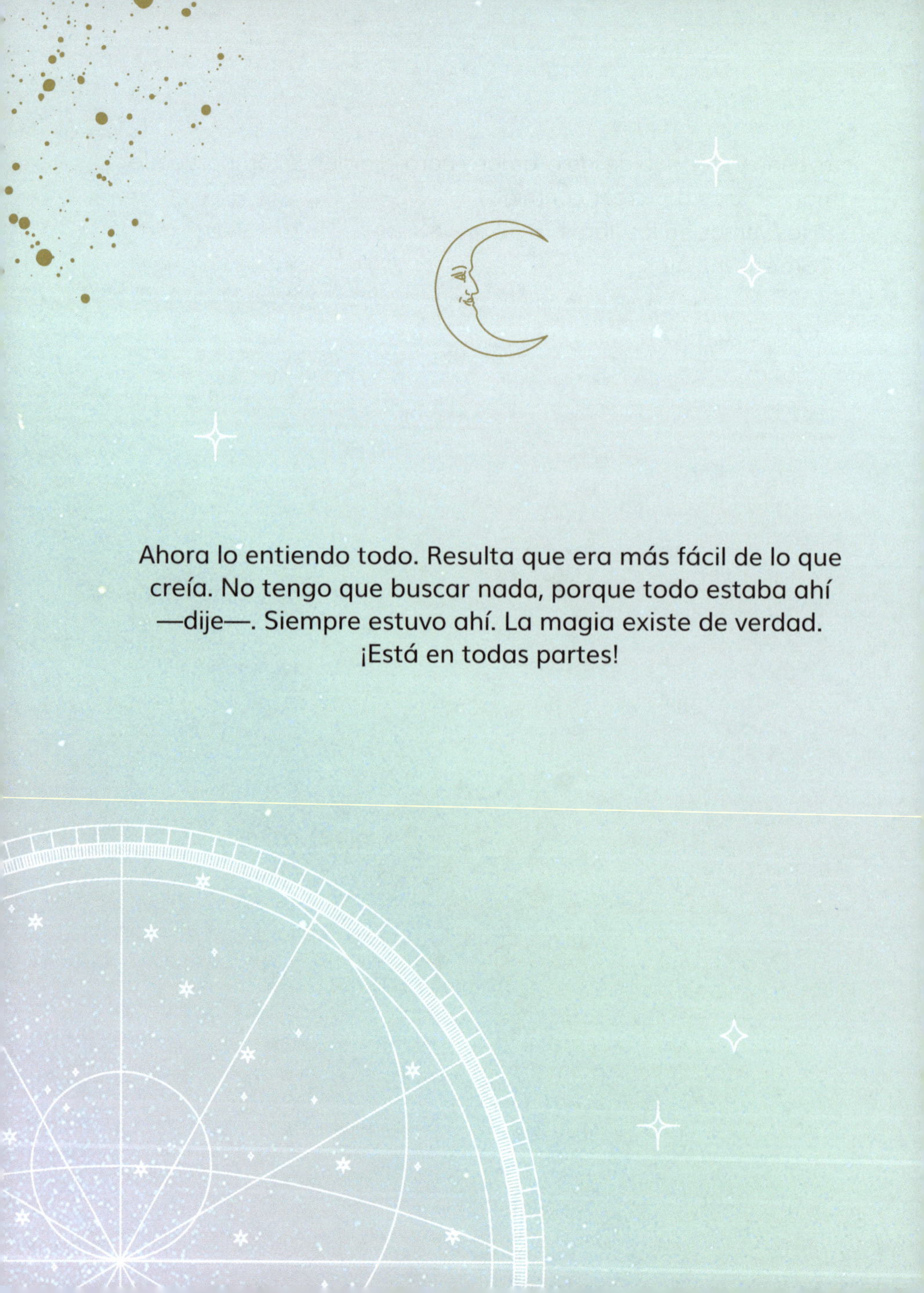

Ahora lo entiendo todo. Resulta que era más fácil de lo que creía. No tengo que buscar nada, porque todo estaba ahí —dije—. Siempre estuvo ahí. La magia existe de verdad. ¡Está en todas partes!

La magia es la forma que tiene Dios/el Universo de recordarte que todo es un milagro, y tú también —respondió la Vida—. A veces solo hay que abrir los ojos a lo que ya está, y saber mirar. Escucha la melodía de los árboles cuando bailan, la historia de que te cuentan las piedras milenarias que sostienen tus pasos, el reencuentro de las almas que se buscan con los ojos a través del tiempo. Siente el sol, la lluvia, la alegría, el miedo, el amor. Todo es parte de la magia que es la vida, y el sentido de que estés aquí es que puedas vivirlo todo. El amor y el dolor. Lo explicable y lo inexplicable. La oscuridad y la más bella luz.

Confía y déjate llevar.

Ahora lo sabes:
Todo es magia
y tú también.

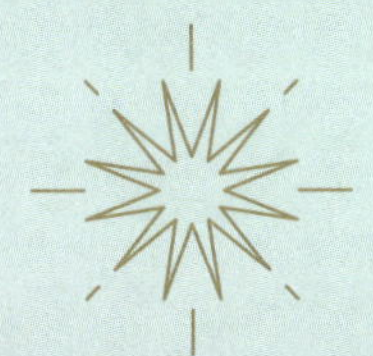

Universo,
dime qué más
es posible.

Laura Chica

Laura Chica, además de escritora, es psicóloga y coach personal y de equipos, consultora, conferenciante y formadora de empresas y escuelas de negocio. Está especializada en visibilidad y desarrollo del talento desde una perspectiva integral del ser humano, potenciando el autoliderazgo y el autoamor para vivir (y liderar) con mayor coherencia y autenticidad.

Tras más de veinticinco años de experiencia en la psicología y el desarrollo de las personas, sigue encontrando el reto en su propósito vital: que tengamos una vida lo más cerca posible de nuestra esencia, desde el autoconocimiento y el amor a nosotros mismos, y lo consigue a través de sus libros y conferencias.

Laura es autora de once libros, entre los que destacan *Autoamor*, *Confía*, *Auténtica* y *365 citas contigo*, que son los libros que, junto a *Tú eres Magia*, conforman una colección con la que Laura nos invita a descubrir la magia en nuestro interior, amarnos más bonito, confiar en la sabiduría de la vida y vivir desde nuestra autenticidad.

Para contactar con Laura puedes escribirle a hablemos@laurachica.com o en Instagram y redes sociales @Laura_Chica.